REINER STRUNK
Eduard Mörike
PFARRER UND POET

REINER STRUNK

Eduard Mörike

❧

PFARRER UND POET

CALWER

MIT FREUNDLICHER UNTERSTÜTZUNG
DER CALWER VERLAG-STIFTUNG

Bibliografische Information Der Deutschen Bibliothek

Die Deutsche Bibliothek verzeichnet diese Publikation
in der Deutschen Nationalbibliografie; detaillierte bibliografische Daten
sind im Internet über http://dnd.ddb.de abrufbar.

ISBN 3-7668-3876-8

Inhalt

Vorwort

Ins Jahr 2004 fällt sein 200. Geburtstag: äußerer Anlass, an Eduard Mörike zu erinnern. Die Erinnerung bliebe aber blass, wäre sie nicht mit neuen Zugängen zu seiner Person und mit überraschenden Entdeckungen in seinem Werk verbunden. Wer Mörike kennen lernen und verstehen will, der muss freilich Mörike lesen. Ein Buch wie dieses kann deshalb nicht mehr sein als eine Einladung zur Mörike-Lektüre und als ein Leitfaden, die bleibenden Spuren leichter finden und entziffern zu können, die er hinterlassen hat.

In einer pointierten Kurzformel ließe sich sagen: Mörike war anders. Er war anders als die gängigen Bilder, die von ihm gezeichnet wurden. Da ist das Bild des romantischen Träumers, dessen Lyrik sich im Besingen jahreszeitlicher Naturschönheiten beinahe erschöpft. Da ist das Bild des evangelischen Pfarrherrn in ländlicher Idylle, die als bescheidenes Reservat gegen die Unruhen der Welt und der gesellschaftlichen und politischen Geschichte kultiviert worden sei. Und da ist das Bild des schwäbisch geprägten, im Grunde provinziellen Geistes, der mit seinen Liedern ebenso wie mit seinen Erzählungen allzu sehr der geliebten Heimat verpflichtet gewesen sei.

Solche Bilder täuschen, auch wenn sie natürlich Farben und Schattierungen enthalten, die zutreffend sind. Mörike war anders. In seiner Lebensgeschichte gibt es tief greifende Brüche, sein Charakter zeigt empfindliche Widersprüche, und sein Werk bietet eine Bandbreite von Lebenserfahrung und Daseinsdeutung, dass die Harmlosigkeiten im geläufigen Mörike-Bild sich bei näherem Hinsehen rasch verflüchtigen.

In der Tat hat er seine schwäbische Heimat geliebt, ihre Orte, ihre Menschen, ihre Landschaften. Über ihre Grenzen ist er während seines ganzen Lebens nie wirklich hinausgekommen, von Kurzaufenthalten in München oder auf der Thurgauer Seite des Bodensees abgesehen. Wenn er brieflich eine Reise ins »Ausland« erwägt, ist nicht mehr als ein Abstecher nach Augsburg gemeint. So unstet und an vielen Plätzen ansässig er in seiner Heimat war, so fern lag ihm das Bedürfnis, durch ausgedehnte Reisen Fremdes zu erkunden. Rein äußerlich fehlte ihm auch das Geld dazu.

Der geistige Horizont eines Menschen weitet sich bekanntlich aber nicht durch die Menge und die Länge der zurückgelegten Reisestrecken. Kant hat Königsberg nicht verlassen, und Goethe wurde nicht erst dadurch zum universalen Geist, dass er bis nach Italien kam. Mörike hat in Ochsenwang auf der Alb gesessen und in diesen und jenen Dörfern und Kleinstädten der Umgebung – und ist gleichwohl kein »Heimatdichter« gewesen im beschränkten Sinne des Wortes, sondern einer der Großen deutscher Sprache. Sein Horizont reichte bis in die Kultur und Poesie der Antike, mit intensiver Kenntnis griechischer und römischer Autoren. Er hatte wie selbstverständlich Zugang zum Reich der Mythen und der Märchen, konnte sich in Lebensformen, Gedankenwelt und Szenarien des Mittelalters versetzen und in Erzählungen das Flair von Neapel oder von Wien lebendig werden lassen, als sei er persönlich an Ort und Stelle gewesen. Neben der Literatur schätzte er die Musik, allem voran Mozart, er zeichnete gern und durchaus mit Talent und wurde ein Sachverständiger für Mineralien und Versteinerungen. In regem Kontakt mit zeitgenössischen Schriftstellern, Wissenschaftlern und Künstlern, von Ludwig Uhland, Justinus

Kerner, Theodor Storm bis zu David Friedrich Strauß und Friedrich Theodor Vischer und Moritz von Schwind, zeigte er sich nach vielen Seiten hin interessiert und aufnahmefähig. Und alles hat so oder so Einfluss genommen auf sein dichterisches Werk. Tatsächlich, Mörike war anders. Die Etiketten von Romantik oder Biedermeier oder verspäteter Klassik und Goethe-Epigonentum taugen nicht. Man tut gut daran, sie von der Person des Dichters und von seinem Werk abzulösen und ihn in der Eigenständigkeit wahrzunehmen, die ihn ausgezeichnet hat: den Lyriker von hohem Rang; den Erzähler mit ausgeprägtem Sinn für Humor, für das Fabelhafte und Gespenstische im Wirklichen und für die tragischen Verwicklungen in einem Menschenleben.

Anders war er schließlich auch in seiner geistlichen, seiner religiösen Existenz. Dass er höchst ungern und mit viel innerem, streckenweise auch äußerem Widerstand Vikar gewesen ist, weiß man. Auch dass er sein Pfarramt in Cleversulzbach mehr mit der linken Hand als mit glühendem Herzen versah. Geglüht hat er immer nur an und in der Poesie. Aber das bedeutet keineswegs, dass er sein Pfarramt missachtet und letzten Endes aus tiefer Abneigung aufgegeben hätte. Und es bedeutet erst recht nicht, dass sein persönliches Verhältnis zum christlichen Glauben gebrochen oder sogar zerstört gewesen wäre. Gegen Vermutungen, die in diese Richtung gingen, hat er sich mit Nachdruck zur Wehr gesetzt. Dass er im Ganzen ein mäßiger und vor allem ein nur eingeschränkt belastbarer Pfarrer war, ist ihm selbst schmerzlich bewusst gewesen. Doch das betrifft nicht seine persönlich gelebte, niemals nach außen hin demonstrierte, wohl aber in Gedichten und Briefen da und dort deutlich bezeugte christliche Grundgesinnung. Dies gibt Anlass, von Mörikes spezifischer Spiritualität zu reden und ihr in einem eigenen Kapitel genauer nachzugehen.

Mörike war anders. Zu zeigen, warum und in welcher Weise er's war, ist das Anliegen dieser zu seinem Jubiläum erscheinenden Darstellung. – Gerade als ich das Vorwort schreibe bei herbstlichem Dauerregen am Lago Maggiore, fällt mein Blick auf Hermann Hesses liebenswertes Tessin-Buch, in dem ein kleines Bekenntnis von 1923 erscheint, das nicht allein für Hesse, sondern ebenso für den um ein Jahrhundert älteren Eduard Mörike gilt: »Wir Romantiker und Sentimentalen, als die wir von der großstädtischen Literatur meist verspottet werden, wir sind ja nicht alle bloß dumme Fanatiker, die wegen eines zum Fall verurteilten alten Gemäuers die Öffentlichkeit bemühen und die Heimatschutzgarden mobilisieren, manche von uns sind nahezu ebenso klug wie mancher von der Rentabilitätspartei und sind im Herzen vielleicht zukunftsgläubiger und nach der Zukunft begieriger als viele von den Frommen des Fortschritts. Denn wir glauben an die Vergänglichkeit der Maschine und die Unvergänglichkeit Gottes.«

Elternhaus und Schule

(1804–1822)

LUDWIGSBURG UND STUTTGART

Kindheitsjahre pflegen prägende Jahre zu sein. Sie können Grobskizzen liefern für das, was aus einem Menschen werden, wie seine Eigenart einmal ausgebildet sein wird. Mörikes Kindheit in Ludwigsburg war unauffällig. Allzu viel ist auch nicht erinnert worden davon. Die Familie lebte in dem, was man »geordnete Verhältnisse« nennt. Ein gesichertes Einkommen beim Vater, Ansehen unter den Nachbarn, Gutbürgerlichkeit. Dazu eine konservative Grundgesinnung, was damals weniger königstreu als altwürttembergisch hieß, mit Sympathie für die alte Verfassung, die König Friedrich I. außer Kraft gesetzt hatte.

Beziehungen zum Hof gab es trotzdem, schon dienstlich vom Amt des Vaters her, und was Ludwigsburg war, das war es ohnehin dank des Hofes, des Schlosses, der Garnison. Nach Teilabzügen der Hofgesellschaft wie des Militärs blieb nicht viel. Eine Stadt, am Reißbrett entworfen, mit Paradestraßen und Plätzen, denen das Leben abhanden gekommen war. Justinus Kerner schildert es im BILDERBUCH AUS MEINER KNABENZEIT, und wenn da der leicht ironische Rückblick auch einseitig ausgefallen sein mag, dürfte er doch Charakteristisches treffen: »Ich erinnere mich noch mancher Sonntage, wo nachmittags der große Marktplatz vor unserem Hause so still war, dass man auf demselben fast die Perpendikel der benachbarten Turmuhr gehen hörte. In den Arkaden waren oft die einzige Bevölkerung die Hühner des Italieners Menoni, und nur das Krähen derselben unterbrach die Stille, die oft rings herum herrschte.«

Wenn doch einmal Parade war, ein gesellschaftliches Ereignis, wurde Mörike zum Mitlaufen durch die Gassen in eine kindliche Husarenuniform gesteckt. Es darf bezweifelt werden, dass es ihm groß gefallen hat. Ebenso wenig wie verordnete Spielstunden mit dem Prinzen im Schloss. Gepränge, das sich so oder so zur Schau stellt und damit eigentlich bloß die eigene Hohlheit feiert, hat ihm nie zugesagt. Auch Verordnetes aller Art lag ihm nicht, nicht einmal verordnetes Spiel mit irgendjemandem, welcher gesellschaftliche Rang ihm auch immer zukommen mochte. Das Eigene zu suchen und aus dem Eigenen zu leben war sein Prinzip von Anfang an. Dies hat allerdings nie bedeutet, dass er völlig in sich verschlossen, ein schrulliger Einzelgänger gewesen wäre. Er hat andere Menschen, Geselligkeit, heitere Runden durchaus gebraucht und genossen; aber stets als Gelegenheiten aus eigener Wahl, nicht als vorgeschriebenes Programm.

Bekannt ist, dass er schon als Kind nicht nur gern erzählen hörte, sondern auch selber gern erzählte, mit den Geschwistern als Publikum. Bekannt ist ferner, dass er es liebte, sich zurückzuziehen an einen geheimen, nur ihm selber vertrauten Ort, um die Stille zu suchen und das Eigene. Solches Ausblenden der Welt draußen diente der Aufhellung seiner Seele drinnen. Am schönsten hat Mörike diese Neigung in seinem NOLTEN-Roman wiedergegeben, der viele autobiographische Züge enthält. Die Stelle, an der Nolten von seiner Kindheit erzählt, kann ohne weiteres mit Mörikes eigener Kind-heitserinnerung gleichgesetzt werden: »Mit welchem unaussprechlichen Vergnügen konnte ich, wenn die andern im Hofe sich tummelten, oben an einer Dachlücke sitzen … Dort nämlich ist ein Verschlag von Brettern, schmal und modrig, wo mir die Sonne immer einen besonderen Glanz, überhaupt ein ganz ander Wesen zu haben schien, auch konnte ich völlig Nacht machen und (dies war die höchste Lust) während außen heller Tag, eine Kerze anzünden, die ich mir heimlich zu verschaffen und wohl zu verstecken wusste.« Das ist Kindheit Mörikes, und das ist in nuce bereits der ganze Mörike. Gelegenheiten, das Alleinsein zu suchen und damit den Weg zu seiner persönlichen unverwechselbaren Kreativität, besorgte er sich immer wieder, und er hat sie gebraucht wie die Luft zum Atmen. 1832 hat er dieses Bedürfnis in einem seiner bekanntesten Gedichte festgehalten. Schon im Titel VERBORGENHEIT scheint etwas nachzuschwingen von der Kindergewohnheit, sich auf dem Dachboden oder, etwas später, in einem selbst gebastelten Waldhüttchen, vor aller äußeren Welt zu verbergen, um die innere Welt in ihrem Reichtum aufleben zu lassen:

Laß, o Welt, o laß mich sein!
Locket nicht mit Liebesgaben,
Laßt dies Herz alleine haben
Seine Wonne, seine Pein!

Was ich traure, weiß ich nicht,
Es ist ein unbekanntes Wehe;
Immerdar durch Tränen sehe
Ich der Sonne liebes Licht.

Oft bin ich mir kaum bewusst,
Und die helle Freude zücket
Durch die Schwere, so mich drücket,
Wonniglich in meiner Brust.

Laß, o Welt, o laß mich sein!
Locket nicht mit Liebesgaben,
Laßt dies Herz alleine haben
Seine Wonne, seine Pein!

Dies alles ist nicht etwa trockene Weltverneinung, asketische Abstandnahme von den Realitäten. Es passte ja nicht zu einem, dem man ausdrücklich und nicht umsonst »Weltfrömmigkeit« zugeschrieben hat: ein fröhliches Hingabevermögen an das in der Welt Erscheinende, möglichst nicht im Großen, sondern im Kleinen Erscheinende, im Detail, in einer individuellen Gestalt. Mörike hat nie von der Welt überhaupt Abstand genommen, sondern nur von deren Überfülle, vom Wirbel ihrer Reize, vom Übermächtigen. Insofern hat das in der ersten und letzten Strophe des Gedichts pointiert gedoppelte »Laß« auch etwas vom Sinn mystischer »Gelassenheit«. Solche Gelassenheit diente ja im Verständnis Meister Eckeharts und anderer Vertreter deutscher Mystik durchaus nicht einer völligen Wahrnehmungsblockade der Welt gegenüber. Sie diente der Vertiefung. Sie half zu vermeiden, dass das Eigene sich im Weltganzen verlor, und sie suchte umgekehrt die Substanz der Welt in der eigenen Seele zu ergründen. Mörike hat mit seinen Rückzügen in die Dichtung und mit deren Ergebnissen im Grunde gar nichts anderes getan.

Aber nun: wo kamen sie her, die Mörikes?

Die Vorfahren, die den Namen, wie übrigens Eduard selbst noch bis in seine Vikarszeit hinein, mit »ck« schrieben und in ihrem Wappen zwei Mohren hatten, lebten verzweigt in ganz unterschiedlichen Landschaften zwischen Preußen und Tirol. Der Dichter führt in seinem autobiographischen Abriss, den er anlässlich seiner Einführung ins Cleversulzbacher Pfarramt verfasst und vorgetragen hat, seine väterliche Linie nach Havelberg in der Mark Brandenburg zurück. Das trifft zu für eine Generation der Mörikes im 17. Jahrhundert. Ein Zweig der Familie ist dann in Württemberg, und zwar in Neuenstadt am Kocher, ansässig geworden, und Mörikes Großvater *Johann Gottlieb* zog nach Ludwigsburg, wo er die Stelle eines Hofmedicus einnahm. Arzt wurde ebenfalls sein Sohn *Karl Friedrich*, Mörikes Vater, der nach seiner Vermählung mit

Charlotte Dorothea Beyer, einer Pfarrerstochter, in der Kirchstraße 2 wohnte, dem Haus, in welchem Eduard am 8. September 1804 geboren wurde. Am 15. September erfolgte seine Taufe auf den Namen *Eduard Friedrich*.

Dem Vater, Oberamtsarzt und Herzoglicher Leibmedicus, bescheinigt Eduard Mörike eine »rastlose Tätigkeit«, die ihn tagsüber gewöhnlich außer Hause gehalten und auch daheim seiner Wissenschaft verpflichtet habe. Man vermerkt diesen väterlichen Charakterzug mit Überraschung, weil Eduard ihn in gar keiner Weise geteilt, eher für sich auffällig korrigiert hat durch seine Neigung, berufliche Pflichten eher zu fliehen als über zu erfüllen. Den Weg des Theologen war allerdings auch der Vater eine ganze Strecke weit gegangen, er hatte das Studium im Tübinger Stift absolviert und war sogar Vikar gewesen. Dies wiederum ähnlich leidenschaftslos wie sein Sohn Eduard. Nach dem Tod seines Vaters begann Karl Friedrich Mörike, der die philosophische Doktorwürde bereits erworben hatte, noch einmal ein Studium, und zwar das der Medizin, zu dem er sich hingezogen fühlte. Seine Fachkenntnisse vervollständigte er an namhaften Kliniken und bei medizinischen Kapazitäten zwischen Berlin, Prag und Wien und war in Ludwigsburg als weit gereister, vielseitig gebildeter und auch an der Philosophie bleibend interessierter Mann eine angesehene Persönlichkeit.

Er starb am 22. September 1817. Eduard war damals gerade dreizehn Jahre alt. Die Umstände der Erkrankung und des Todes seines Vaters schildert er in minutiöser Genauigkeit: Im Zusammenhang einer Seuche, die der Arzt mit allen Kräften zu bekämpfen versucht hatte, erkrankte er im Jahre 1815, erlitt einen Schlaganfall, von dem er sich nicht wieder erholte. »Außer der ganzen linken Seite seines Körpers waren auch die Sprachwerkzeuge beinahe völlig gelähmt, das Gedächtnis auffallend geschwächt, selbst die Denkkraft hatte gelitten.« Den Vater in solchem Schwebezustand zwischen Leben und Tod zu erleben, hat den jungen Mörike tief bewegt. Das waren »Augenblicke des herzzerreissenden Elends, die unauslöschlich in meiner Erinnerung stehen«, notiert er im Rückblick.

Die Mutter blieb mit den Kindern allein. Nicht weniger als dreizehn hatte sie geboren, sechs waren allerdings kurz nach ihrer Geburt gestorben. Die übrigen sieben hatte sie nun zu versorgen, sowohl was den täglichen Bedarf als auch was schulische und berufliche Perspektiven betraf. Gleichwohl muss sie eine fröhliche und freundliche Natur gewesen und geblieben sein, talentiert im Zeichnen und vor allem im Märchenerzählen, und Mörike stellt ihr das liebevolle Zeugnis aus, sie habe durch Zärtlichkeit, reines Beispiel und »ohne alles Geräusch eine unwiderstehliche sanfte Gewalt über die jungen Herzen« ausgeübt.

Mutter und Sohn sind sich nahe geblieben in den kommenden Jahrzehnten. Eduard nahm sie während seines Ochsenwanger Vikariats in seine kleine Wohnung auf, später ins Pfarrhaus nach Cleversulzbach und hatte ihr an Hilfestellungen mindestens so viel zu danken wie sie ihm. Dort, auf dem Kirchhof in Cleversulzbach, wurde sie beerdigt, ehrenvoll nach Mörikes Entscheidung, der ihr einen Platz neben dem Grab von Schillers Mutter zuwies.

Geschwister Mörikes waren der ältere Bruder Karl, der ihm noch einigen Kummer bereiten sollte; die ältere Schwester Luise, eine ebenso fromme wie gescheite Person, die bis zu ihrem frühen Tod einen beträchtlichen Einfluss auf den sensiblen Bruder genommen hat; sowie die jüngeren Brüder August, Louis und Adolf und schließlich das Nesthäkchen Klara (»Klärchen«), deren Verbundenheit mit dem Dichter bis zu dessen Lebensende außerordentlich intensiv gewesen ist.

In Ludwigsburg hatte Mörike bis zum Tod seines Vaters die Lateinschule besucht, im selben Jahrgang mit Freunden, die es später zu einiger Berühmtheit bringen und ihm in unterschiedlichen Rollen wieder begegnen sollten, so Rudolf Lohbauer, David Friedrich Strauß, Friedrich Kauffmann und Friedrich Theodor Vischer. Vorläufig sollte Mörikes Weg aber von ihnen weg nach Stuttgart führen. Dort wohnte einer seiner Onkel, der ihn 1817 in seine Obhut nahm, um die verwitwete Mutter zu entlasten und bei Eduard die Grundlagen für eine ordentliche Karriere zu legen.

Dieser Onkel Eberhard Friedrich Georgii war eine hoch geschätzte Person in der Stuttgarter Gesellschaft, ein Jurist und politischer Kopf, dessen strenge patriarchalische Wesensart mit seinen Überzeugungen korrespondierte, die dem alten württembergischen Staatswesen und Recht zugetan waren und Neuerungen wie das Königtum oder sogar aufkommende republikanische Tendenzen strikt ablehnten. 1806 hatte er aus Protest gegen die Aufhebung der altwürttembergischen Verfassung den Diensteid auf König Friedrich I. verweigert und war später trotzdem ins Oberjustizkollegium berufen worden. 1819 wurde er Präsident des Obertribunals. Sein Haus in der Stuttgarter Büchsenstraße war ein Treffpunkt der damaligen Prominenz, bei den sogenannten Kegelabenden erschien, was Rang und Namen hatte, darunter der einflussreiche Verleger Freiherr von Cotta, der Bildhauer Dannecker sowie Schelling, der philosophische Privatvorlesungen in Georgiis Garten hielt.

In diesem Haus also lebte Mörike ein Jahr, und es war, wie er in seiner Cleversulzbacher Biographie festhält, für Georgii ausgemacht, dass sein Zögling Theologie studieren und Pfarrer werden würde. Dabei mögen bei dem umsichtigen Onkel neben dem Respekt vor dem geistlichen Amt auch wirtschaftliche Gesichtspunkte eine Rolle gespielt haben: als Pfarrer war man nicht nur für die Dauer der Berufstätigkeit abgesichert, sondern auch bereits zu deren Vorbereitung. Das»niedere Seminar« an einer der evangelischen

Klosterschulen wie das »höhere Seminar« im Tübinger Stift besuchte man als Stipendiat, also praktisch kostenfrei, auf Staatskosten. Mörike hat, dem Willen Georgiis Folge leistend, diese Richtung eingeschlagen, aber es war von Anfang an nicht sein persönlicher Entschluss. Es war wohl das für ihn vorläufig noch Unüberschaubare, Unbekannte, in jedem Fall aber, nach Lage des Dinge, das für ihn Unvermeidliche. Für seine späteren Schwierigkeiten im Amt wurden hier zweifellos die ersten Wurzeln gelegt.

Das Jahr bei Georgii in Stuttgart war ein Jahr am Gymnasium illustre, dem heutigen Eberhard-Ludwigs-Gymnasium. Mörike hat es herumgebracht, ohne irgendwie zu glänzen. Überhaupt hat er sich als Schüler mit sehr mäßigen Erfolgen zufrieden gegeben, nicht nur im Stuttgarter Gymnasium, sondern auch im anschließenden Seminar zu Urach und noch während des Tübinger Studiums. Er hat gerade so gelernt, was nötig, nicht was möglich war. Und so reiht er sich ohne Abstriche ein in die Riege jener bemerkenswerten Persönlichkeiten, die es im Leben zu hoher Bedeutung, aber in der Schule nur zu unbedeutenden Noten brachten.

Das »Landexamen« hat er gar nicht einmal bestanden. Das war die Prüfung, die jährlich im großen Saal des Gymnasium illustre stattfand und bei erfolgreichem Abschluss zum Besuch eines »niederen Seminars« und anschließend des Tübinger Stifts berechtigte. Der Prüfung unterzogen sich Kandidaten aus ganz Württemberg (deshalb »Landexamen«), und man musste einen bestimmten Notenquerschnitt erreichen, um zu den Erwählten fürs theologische Studium zu gehören. Mörike erreichte ihn nicht. Dass er trotzdem im Jahre 1818 ins Uracher Seminar einrücken durfte, verdankte er dem Gnadenweg. Vordergründig wurden dafür die bedrängten Umstände seiner Mutter angeführt. Im Hintergrund dürfte allerdings auch die Autorität Georgiis zur freundlichen Ergebniskorrektur beigetragen haben.

Seine früheste Liebe fällt noch in Mörikes Schulzeit. Sie betraf Klärchen, die gleichaltrige Tochter eines zweiten Onkels Christoph Friedrich Neuffer, der in Benningen nahe Ludwigsburg, ab 1816 in Bernhausen auf den Fildern eine Pfarrstelle innehatte. Zu den Neuffers gab es langfristig freundschaftliche Kontakte, aber die Beziehung zu Klärchen fand bald ihr von Mörike jugend-schmerzlich erlebtes Ende. Die kleine Episode zwischen Cousin und Cousine, die mehr das Gepräge einer Kinderfreundschaft als eines Liebesverhältnisses gehabt haben dürfte, wäre in Mörikes Biographie durchaus zu vernachlässigen, wenn sie nicht einen Grundzug seines Lebens und Wahrnehmens erstmals offenbart hätte: die Art seiner poetischen Verarbeitung des Erlebten. Klärchen wurde nicht vergessen, sondern aufgehoben und verwandelt in seiner produktiven Erinnerung. Poetische Stilisierung gestaltete nun ihr Porträt und gab einem Empfinden ansatzweise Ausdruck, das für den späteren Mörike so kennzeichnend werden sollte: die Zwiespältigkeit und Spannung zwischen geschenkter Liebe und unabwendbarem Leiden. In seinem Gedicht ERINNERUNG, das er bereits im zeitlichen Abstand zu seiner Freundschaft mit Klärchen geschrieben und als einziges seiner frühen Gedichte des Aufhebens für wert befunden hat, ist schon genau diese Spannung erkennbar:

> Jenes war zum letzten Male,
> Daß ich mit dir ging, o Klärchen!
> Ja, das war das letzte Mal,
> Daß wir uns wie Kinder freuten …

Später, in seinem Köngener Vikariat, machte ihm immer noch die Tatsache zu schaffen, dass er eine Dienstwohnung beziehen musste, in der der Theologe Christian August Schmid, den Klärchen 1827 geheiratet hatte, sein Vorgänger gewesen war: »Er ist nun angestellt und lässt mich in seine alten Fußtapfen treten, so wie ich ihn einmal in die meinigen; das ist doch billig von ihm, gelt? Ein Dienst ist des anderen wert!«[1]

Im Uracher Seminar

In Urach, heute: Bad Urach, war vor Mörikes »Promotion« (dem entsprechenden Schülerjahrgang) das evangelische Seminar gerade erst eröffnet worden. Untergebracht war es im ehemaligen Mönchshof, dem jetzigen Stift Urach, unmittelbar neben der Amanduskirche im Herzen des Ortes. Die Landschaft ringsum, mit den steil ansteigenden bewaldeten Albhängen, der Burgruine Hohenurach und dem in ein Seitental abstürzenden, zu Tagesausflügen einladenden Wasserfall beeindruckten den Seminaristen Mörike und belebten seine poetische Phantasie. Der Seminarbetrieb selbst begeisterte ihn weniger. Jedenfalls waren die Zeugnisse entsprechend.

Aber man muss einräumen, dass die Uracher Schulung ihm ganz wesentliche Kenntnisse und Befähigungen vermittelt hat. Aus den Instruktionen fürs Seminar geht hervor, in welchem Maße die humanistische Bildung im Zentrum gestanden hat. Man las die Klassiker im Urtext, damit »Sprach- und Sachkunde in möglicher Vereinigung betrieben, die Lehrlinge zu gründlichen Philologen gebildet, aber auch zugleich an diesen Meisterwerken der Geschichte, der Poesie, der Redekunst und der Philosophie ihre Geisteskräfte allseitig entwickelt« würden. Es besteht kein Zweifel, dass Mörike hier das maßgebliche Handwerkszeug für sein dichterisches Schaffen erworben hat, in welchem er gern auf antike Metrik zurückgriff,

---

1 Brief vom 25. Mai 1827.

sogar in einem großen epischen Gedicht wie der IDYLLE VOM BODENSEE. Und als er sich in reifen Jahren zu Cleversulzbach daran machte, eine Anthologie griechischer und römischer Gedichte, Lieder und Epigramme in deutscher Sprache herauszugeben, wandte er sich mit der Bitte um einige, ihm nicht zugängliche griechische Texte an seinen ehemaligen Uracher Lehrer Pauly, den späteren Herausgeber der großen Real-Encyklopädie der klassischen Altertumswissenschaft. Er tat es in einem Brief vom 7. August 1839, in dem er Paulys Unterricht lobte und dazu bemerkte, so mancher würde »diese Wohltat jetzt ganz anders als damals zu schätzen wissen«, wobei ihm, Eduard Mörike, »dies aufrichtige Bekenntnis vor vielen geziemt«.

Nach alter Seminartradition waren die Hausregeln, die bereits in der Großen Württembergischen Kirchenordnung von 1559 in ihren Grundzügen festgelegt und über Jahrhunderte im wesentlichen beibehalten worden waren, streng und mit geringen Freizeiten für die Seminaristen versehen. Der Tag begann mit dem Wecken um fünf, im Winter um sechs Uhr, und eine Viertelstunde später hatten sich bereits alle zum Morgengebet zu versammeln. Im Tagesverlauf wechselten sich Lehreinheiten mit Zeiten des persönlichen Studiums ab, zum Einbruch der Nacht hatte man im Haus zu sein, gegen neun Uhr am Abend war Nachtgebet und anschließend Bettruhe oder noch einmal Gelegenheit zum Selbststudium bis zehn Uhr. Man trug Anstaltskleidung, unterschieden nach alltäglichen und feiertäglichen Anlässen, im zweiten Fall waren ein schwarzer Rock, schwarze Weste, schwarze Beinkleider, Strümpfe und Schuhe vorgeschrieben.

Neben und mit dem Schulbetrieb erwies sich das evangelische Seminar üblicherweise als Pflanzstätte für intensive und oft lebenslang während Männerfreundschaften. Hier begann, was sich im Tübinger Stift unter den Studierenden in ähnlicher Form fortsetzte. Die Abgeschlossenheit des Lebensraums in einer

Bildungsstätte, die den Geist und das Reglement vergangener klösterlicher Lebensführung keineswegs abgestreift hatte, begünstigte eine Konzentration auf interne Freundschaften, in denen schwärmerische Stimmungen ebenso wie empfindliche Rivalitäten gang und gäbe waren. Die Sehnsucht, sich zu verbinden, sich über verborgene Herzensregungen vertrauensvoll auszutauschen, vermochte eben nur im Kreise der Mitschüler eine gewisse Erfüllung zu finden. Das war in Urach und bei Mörike nicht anders. Er schloss Freundschaften in diesen Jahren, die für ihn lebenswichtig wurden und lange anhielten, besonders die mit Wilhelm Hartlaub, dem »Urfreund«, der ihm bis ins hohe Alter verbunden blieb. Zu erwähnen ist ebenfalls Johannes Mährlen, jener kritisch-eigenständige Geist, der später Theologie und Pfarramt aufgeben sollte, und Wilhelm Waiblinger, der zwar kein Uracher Seminarist war, aber bereits Kontakte zu Mörike unterhielt, deren nähere Geschichte sich freilich erst in der gemeinsamen Tübinger Zeit dramatisch zuspitzen sollte.

Auf Urach ist Mörike ein paar Jahre später in charakteristischer Weise zurückgekommen. Bei einem Besuch nämlich und in einem Gedicht. Den Besuch hat er 1825 unternommen, als Tübinger Stiftler, das Gedicht zwei Jahre danach geschrieben. Er gab ihm den Titel BESUCH IN URACH (s. S. 200). Aber es enthielt für ihn zugleich einen Besuch in der eigenen Vergangenheit.

Beim ersten Lesen oder Hören des Gedichts entsteht der Eindruck von Naturlyrik. Eindringlich beobachtet und meisterlich gestaltet: die anspruchsvolle lyrische Form der Stanze (bestehend aus achtzeiligen fünffüßigen Jamben in der strengen Reimfolge: ab ab ab cc) wurde gewählt, und das in zwölf Strophen. Inhaltlich ist das Ganze aufgebaut als kunstvolles Gebilde aus verschiedenen Elementen, die sich aus der Landschaft, persönlicher Erinnerung, Zeiterfahrung und Selbstreflexion zusammensetzen.

Es beginnt traumnah:
Nur fast so wie im Traum ist mir's geschehen

und endet traumnah:
Leb wohl! – Und sei dein Engel mein Geleite!

Das Naturlyrische spricht unmittelbar an. Wer die Landschaft um Urach kennt, empfindet alles plastisch in großen farbigen Pinselstrichen hingemalt:
Da seid ihr alle wieder aufgerichtet,
Besonnte Felsen, alte Wolkenstühle!
Auf Wäldern schwer, wo kaum der Mittag lichtet
Und Schatten mischt mit balsamreicher Schwüle ...

Und dann, an die »Schar von Quellen« wie an lebendige Wesen gewendet, die sich sammeln und endlich im Wasserfall ergießen:
Wo eurer Mutter Kraft im Berge grollt,
Bis sie im breiten Schwung an Felsenwänden
Herabstürzt, euch im Tale zu versenden.

Aber unter solche Naturbetrachtung schiebt sich eine andere Ebene. Es ist die Ebene des Besuchers selbst und seiner Besuchserfahrung. Es ist das Phänomen der Erinnerung, das als heimliches Generalthema das gesamte Lebenswerk Mörikes durchzieht, und es ist die Frage nach dem eigenen Wesen.

Gewiss liegt es nahe, dass der Besuch in Urach Erinnerungen weckt. Und so heißt es schon in der ersten Strophe:
Aus tausend grünen Spiegeln scheint zu gehen
Vergangne Zeit, die lächelnd mich verwirrt.

Aber das ist nicht allein jene heiter unbeschwerte Erinnerung, die sich rasch einfindet und wiederfindet in Bildern der Vergangenheit. Es ist vielmehr ein Geheimnis darum, gemischt aus den äußeren zurückliegenden Eindrücken und ihrer bleibenden, innerlich aufgehobenen Wirklichkeit; aus Vergangenem also und Gegenwärtigem; aus Verlorenem in der Zeit und Bewahrtem in der Seele. »O Wunder der Erinnerungen, wer wagts, euch näher anzusehn«, kann Mörike deshalb noch zwanzig Jahre später seufzen, im Juli 1847.

Der Besuch in Urach 1825 war ein Anstoß, diesem Geheimnis näher zu kommen. Und es handelte sich weniger um ein Näherkommen durch Gedankenarbeit als durch eine Art seelischer Erschütterung. An Luise Rau notiert er kurz darauf, interessanterweise in einem Telegrammstil, den er sonst überhaupt nicht gepflegt hat: »In Urach gewesen mit Hartlaub. In einer seltsamen Gefühlsverschränkung von Erinnerungen an meinen hiesigen Aufenthalt … unaufhörliche Tränen vergossen. Die alten lieben Plätze liefen im Taumel vor meinen Augen vorbei …«

Aus Erinnerungen, und zwar aus den persönlich gedeckten Erinnerungen leben heißt für Mörike: aus dem Bedeutsamen leben. Denn nur, was die Fähigkeit und die Kraft besitzt, zur Erinnerung zu werden, kann beanspruchen, wirklich bedeutend zu sein. Alles andere wird mehr oder weniger spurlos vom Fluss der vergehenden Zeit davongetragen. Es kann in Annalen und Chroniken überdauern, aber es hat so keine Lebendigkeit mehr. Die »alles enttäuschende Zeit«, schreibt er an Luise Rau im September 1829, ist nicht aufzuhalten, aber von Glück kann man reden, »wenn man immer noch den Mut haben darf, die alten Zaubergärten zu durchwandeln und an manches verwitterte Monument die nachträumende Stirne anzulehnen«.

Und so geschieht es ihm denn beim Besuch in Urach, er trifft dort nicht nur die vertraute Landschaft wieder an, die ihn zu naturlyrischen Versen stimulierte. Er betritt vielmehr die »alten Zaubergärten« seiner vergangenen Seminaristenjahre, trinkt in »süßen Zauberschalen … gierig die entzückten Qualen« und macht dabei namentlich zwei Entdeckungen. Die eine: die ihn

umfangende Natur ist dieselbe wie vor Jahren, herrlich anzuschauen, aber in sich verschlossen und stumm. Ihr Anblick ist
schön, er gewährt ihm aber keinen Einblick in die eigene Seele.
Was er selber ist und was ihn innerlich bewegt – die Natur ist
nicht imstande, es ihm wie in einem Spiegel vor Augen zu stellen
und zu offenbaren. Die Hoffnung, dass sie für ihn, den Besucher,
einmal »den Schleier reißt« und ihr »übermenschlich Schweigen«
bricht, wird enttäuscht:

> Doch ach, sie bleibt, mehr als der Mensch verwaist,
> Darf nicht aus ihrem eignen Rätsel steigen!

Und weiter, jetzt auf den Wasserfall bezogen:

> Du bleibest, was du warst seit Tag und Jahren,
> Ohn' ein'gen Schmerz der Zeiten zu erfahren.

Das genau ist der Unterschied und bezeichnet die Kom-
munikationsgrenze zwischen Mensch und Natur: die Natur ist
dem »Schmerz der Zeiten« enthoben, der Mensch ist ihm
unterworfen. Diese Einsicht sprengt die naturselige Stimmung
romantischer Lyrik ebenso wie die angenommene wesensmäßige
Kongruenz von Natur- und Menschenseele in der deutschen
Klassik. Als Kind der Zeit im Wandel seiner persönlichen Geschichte steht der Mensch nicht harmonisch in der Natur, sondern jedenfalls auch fremd ihr gegenüber. Wendet er seine existentielle Frage, wer er denn selber sei, nach außen an die Natur,
so antwortet ihm von dort nicht mehr als ein rätselhaftes
Schweigen.

Die zweite Entdeckung dieses Besuchs in Urach knüpft
unmittelbar daran an. Und sie bezieht sich auf den inneren
Zusammenhang von Erinnerung und Selbsterkenntnis. Im
vorhin bereits erwähnten Brief an die Verlobte ist es das Geräusch
von Drescharbeiten, das bei Mörike einen »ganzen Schwarm von

wehmütig süßen Erinnerungen« auslöst sowie die damit verbundene Einsicht, »was ich gefunden und verloren habe, was an mir verändert wurde, und was unveränderlich, wie die Totalempfindung meines ursprünglichen Wesens, an mir geblieben ist«.

Dieses »ursprüngliche Wesen«, heute würden wir sagen: die eigene personale Identität, hat er gesucht in Urach, durch erinnernde Begegnung mit seiner Vergangenheit in der dortigen Natur und biographischen Geschichte. Aber dies Rätsel löst sich nicht auf einfache Weise. Die Natur entzieht sich im Schweigen, und auch der Seminarist Eduard Mörike entzieht sich. Er ist nicht derselbe wie der Stiftler jetzt, der ihn sucht und ihn als Spiegel seiner selbst erfahren möchte; selbst wenn er geradezu beschwörend darum fleht:

Noch immer, guter Knabe, gleich' ich dir,
Uns beiden wird nicht voreinander grauen …

Nein, dies wohl nicht. Aber die erhoffte Seelenvereinigung und damit Selbstfindung im Bild des damaligen Schülers Mörike gelingt ebenfalls nicht:

Umsonst, dass ich die Arme nach dir strecke …

Der Beitrag, den die Erinnerung zu einer menschlichen Selbstvergewisserung leisten kann, die irdisch nie zu Ende gebracht wird, ist so einfach und so unmittelbar eben nicht. Er ist gleichwohl alles andere als geringfügig. Das geht Mörike auf, nachdem Blitz und Donner eines aufziehenden Gewitters über den Uracher Bergen seine Sehnsuchtsträume jäh unterbrochen haben. Jetzt kann er, und damit schließt das Gedicht, in Dankbarkeit die Ernte dieses Besuchs und seiner Erinnerung bergen:

O Tal! du meines Lebens andre Schwelle!
Du meiner tiefsten Kräfte stiller Herd!
Du meiner Liebe Wundernest! ich scheide,
Leb wohl! – und sei dein Engel mein Geleite!

Der »Engel« des Tals ist gleichbedeutend mit der Erinnerung, die sich mit diesem Tal verbindet. Es ist keine, die nur wehmütig und traurig machte, als Erinnerung an verflossene, nie wiederkehrende Tage. Es handelt sich vielmehr um das ganz eigene, die »tiefsten Kräfte« enthaltende Seelengepäck, das im unvermeidlichen »Schmerz der Zeiten« mitgenommen werden kann in den morgigen Tag.

Tübinger Studium

(1822–1826)

STIFT UND GARTENHAUS

Mörike hat Tübingen nicht, wie Hölderlin sein geliebtes Heidelberg, hymnisch besungen. Nicht während seiner Stiftszeit, nicht bei einem begeisterten Wiedersehen vom Plattenhardter Vikariat aus und auch nicht in späteren Jahren der Erinnerung. Das ist erstaunlich. Denn Tübingen war der hervorragende Ort seiner Bildung in mehrfachem Sinne. Hier hat er seine theologische Ausbildung erfahren, die natürlich vom Programm her im Zentrum stand, aber nicht ebenso nach seinen persönlichen Gewichtungen. Hier wurden anregende Freundschaften geschlossen und vertieft. Hier weitete sich der geistige Horizont durch die Lektüre von Shakespeare, Novalis, Homer und Goethe, immer wieder Goethe, der hochverehrte, von dem er unendlich viel gelernt hat; ebenfalls durch sein Verhältnis zur Musik (»Wirklich tut die Musik eine unbeschreibliche Wirkung auf mich«), genauer zu Mozart und da insbesondere zum Don Juan, der als musikalisches Schlüsselerlebnis fortwirken sollte über Jahrzehnte bis zu seiner Altersnovelle MOZART AUF DER REISE NACH PRAG. Und hier in Tübingen fiel ihm das wesentliche Erfahrungsmaterial zu und bildete sich seine poetische Formensprache aus, wovon er im Grunde die ganze Zeit seines Schaffens gezehrt hat. Jedoch: keine Ode an Tübingen aus dem Herzen und der Feder Mörikes, obwohl er die ODE AN

Das Tübinger Stift, Zeichnung von Eduard Mörike
nach einem Kupferstich von Rupp

HEIDELBERG sogar im Original besessen, veröffentlicht und als schönstes Hölderlin-Gedicht bezeichnet hat.

Ins Stift zog er im Oktober 1822 ein, die feierliche Immatrikulation, gemeinsam mit Hartlaub und Waiblinger, fand am 28. November statt. Man wohnte in dem ehrwürdigen Gebäude, einem ehemaligen Augustinerkloster, das nach der Reformation in Württemberg der evangelischen Theologen-Ausbildung diente und eine Reihe großer Gelehrter, unter ihnen Hegel und Schelling, hervorgebracht hatte, zu mehreren Studenten in einer Stube. Das schuf intensive Verbundenheiten. Man studierte miteinander, feierte miteinander, begeisterte sich an- und füreinander und brachte dies auch in brieflichen Mitteilungen unverhohlen zum Ausdruck.

Das theologische Studium erregte die Gemüter dagegen weniger. Bei Mörike ohnehin, aber auch bei den anderen Freunden, Blumhardt ausgenommen. Die Tübinger Fakultät war damals auch dürftig besetzt und verbreitete eine schulmäßige Theologie ohne

Esprit und ohne die Geister erweckende Überraschungen. Ferdinand Christian Baur begann die Schleiermachersche Theologie erst zu vertreten, als Mörike das Examen hinter sich hatte, und David Friedrich Strauß machte Tübinger Furore nicht vor Mitte der dreißiger Jahre. Statt dessen lehrten zu Mörikes Zeit Professoren wie Jäger, der Ephorus im Stift, oder Steudel, nach dem Urteil von Strauß einer von jenen »unglücklichen Menschen, deren Talent mit ihrem Streben in keinem Verhältnis steht«; Jahre später lässt Mörike selbst einen Pfarrkranz (DIE SECHS ODER SIEBEN WEISEN IM UNTERLAND) ziemlich lustlos mit Steudels Theologie beschäftigt sein:

> Nun, an welchem Paragraphen
> Sind wir neulich eingeschlafen?

Dazu kam Eschenmayer, der mit seinem Interesse fürs Parapsychologische immerhin originell war und lebhafte Beziehungen zu Justinus Kerner unterhielt. Im übrigen war als theologisches Lehrbuch nach wie vor Gottlob Christian Storrs »Dogmatik« in Gebrauch, das die supranaturalistische Position in der Kirchenlehre vertrat und der rationalistischen Bibel- und Dogmenkritik allenfalls beiläufige Zugeständnisse machte. Mörike erwähnt in seinem biographischen Überblick brav die Namen seiner Tübinger Lehrer, aber wirklich geschätzt hat er eigentlich nur den Prälaten Ernst Gottlieb Bengel, einen Enkel des berühmten Klosterpräzeptors von Denkendorf Johann Albrecht Bengel. Ihn bedenkt er ausdrücklich »mit Empfindungen persönlicher Dankbarkeit«.

Die Lebens- und Verhaltensordnung im Stift war nicht weniger reglementiert als in Urach. Aber Studenten sind keine Schüler mehr. Und so waren Verstöße, etwa gegen die vorgeschriebene Zeit der abendlichen Heimkehr, an der Tagesordnung, und es brauchte eine ganze Palette von Strafzumessungen, um sie zu ahnden. Der Karzer zählte zu den strengeren Bußübungen, nach Stunden gestaffelt gemäß der Schwere des Vergehens, und von Mörike heißt es, er sei durchaus unter den häufigsten Karzerinsassen gewesen. So sehr es ihn immer wieder ins Abseits der einsamen Selbstbetrachtung zog, in welcher er seine schöpferischen Kräfte sammelte, so wenig war er doch ein ausgemachter Einsiedler oder gar ein Kind von Traurigkeit. Das Zusammensein mit den Stiftsfreunden liebte und genoss er und produzierte sich dabei als glänzender Unterhalter und mitreißender Geist, so dass andere es als Auszeichnung empfinden konnten, mit ihm in engerer Verbindung zu sein.

Natürlich hatten sich die Stiftler einheitlich, und zwar in Schwarz, zu kleiden, und natürlich waren regelmäßige Andachtszeiten und Gottesdienstbesuche vorgeschrieben. Aber sie trafen nur auf mäßige Gegenliebe. Auch wiederholte Vorhaltungen der Stiftsleitung, dass es für künftige Geistliche ein selbstverständliches Gebot sein müsse, das gottesdienstliche Leben ernst zu nehmen, fruchteten wenig. Man suchte Ausflüchte, wo es sich ergab, weniger aus Bedürfnis als aus Prinzip: jugendlicher und am liebsten mit einem Schabernack gewürzter Protest gegen eine Uniformierung – und eben auch die geistliche Uniformierung – des Lebens. Köstlich ist zum Beispiel die Absprache, die Mörike mit seinem Freund Mährlen getroffen hatte, was den sonntäglichen Besuch der Stiftskirche betraf. Dahin begaben sich Stiftler vorschriftsgemäß mit Zylinder, worauf Repetenten am Kircheneingang ein Auge zu haben pflegten. Aber Mörike und Mährlen begnügten sich mit einem gemeinsamen Zylinder. Mit diesem schritt denn der eine durchs Kirchenportal, um ihn dem Freund anschließend durchs nächste Fenster herauszureichen. – Überhaupt galten Fenster als bevorzugte Öffnungen in die Freiheit, besonders bei Nacht.

Fluchtpunkt und Refugium für Mörikes extensive Pflege seiner Studentenfreundschaften, die die Stiftsordnung so nicht gestattete, war das Gartenhaus auf dem Österberg, außerdem eine Gartenlaube im Ammertal, jenseits des Schlossberges gelegen. Die Laube hatte sich Rudolf Lohbauer errichtet, einer der Erzausreißer vom Stift, mit dem Mörike seit seiner Ludwigsburger Kindheit bekannt war und mit dem er bald die Leidenschaft zur ebenso schönen wie mysteriösen Maria Meyer teilen sollte. Lohbauers Laube war ein Ort ausgiebiger studentischer Gelage und blühender Phantasieentwicklung. Hier wurde gezecht und herumgealbert und mit simplen Kinderspielen hintergründiger Sinn erzeugt und an Traumbildern gesponnen, etwa vom fernen Wunschland Orplid, die sich später in literarischen Motiven niederschlagen sollten. Eine Tuschzeichnung von Lohbauer hat die studentische Idylle in der Gartenlaube festgehalten: ihn selber halb liegend auf der Bank im Vordergrund, den mächtigen Weinkelch in erhobener Hand; dazu Friedrich Kauffmann, Hermann Hardegg, Edmund Sigel sowie, nur mit Kopf und bekränztem Hut erkennbar, Eduard Mörike.

Zu ähnlichen Anlässen, aber mehr noch die Zeremonien der Freundschaft und den geistigen Austausch pflegend, traf man sich in Pressels Gartenhaus auf dem Österberg. Gelegentlich war der umnachtete Hölderlin dabei, den man aus seinem Turm am Neckarufer abholte und behutsam den Berg hinaufführte. Es geschah auf Waiblingers Betreiben hin, der Hölderlin wegen des HYPERION, aber auch wegen seines tragischen Dichter-Schicksals verehrte, in dem er den eigenen Hang zu Weltüberdruss und pathischer Zurückgeworfenheit allein auf sich selbst eindrucksvoll verkörpert sah. Hölderlin stand für die Größe der Dichtung, nach der man sich sehnte, und für das Leiden der Dichter, das man ahnte. Er war nicht mehr Partner im Gespräch, er war zur lebendigen Ikone geworden.

Das Gartenhaus auf dem Österberg gehörte dem Oberhelfer und späteren Archidiakon Johann Gottfried Pressel, der es in den

Der Freundeskreis in Lohbauers Tübinger Gartenhaus,
Tuschzeichnung von Rudolf Lohbauer

Sommerwochen an Tübinger Studenten vergab, und Wilhelm
Waiblinger hatte es gemietet. Es war ein Weinberghäuschen mit
eigenartigem Turmaufsatz, der von ferne an eine Pagode erinnern
mochte und Mörike deshalb vom »chinesischen Gartenhaus«
sprechen ließ. Bezeichnend für die enge Verbundenheit mit
dieser lauschigen Alternative zum würdigen Stiftsgebäude ist eine
der ersten Wahrnehmungen Mörikes in Ochsenwang. Beim
Anblick des kleinen Kirchturms dort habe er lächeln müssen,
schreibt er am 22. Januar 1832, erinnerte ihn doch sein Aussehen
sofort »an Pressels chinesisches Gartenhaus: Bauer würde in die

Luft springen vor Freuden, so hoch, als der Turm selber ist, wenn er ihn sähe; denn auch die vier Läden sind akkurat so wie die, aus denen wir als Orplids-Wächter zu allen Stunden der lauen Tübinger Sommernächte herausgeguckt haben.« Gewiss gab es im damaligen Tübingen und unter den Stiftlern auch die politischen Diskussionen. Aber sie besaßen längst nicht mehr, wie in der Generation der Hölderlin und Hegel zuvor, die Leidenschaft, die von der Französischen Revolution und ihren Folgen ausgelöst worden war. Jetzt regierte der Geist der Restauration die sogenannte große Politik und verfolgte mit misstrauischem Auge alles, was irgendwie liberal und demokratisch eingefärbt sich in der Öffentlichkeit regen mochte. Karl Ludwig Sand war wenige Jahre vor Mörike Student in Tübingen gewesen, derselbe, der mit der Ermordung des Staatsrates Kotzebue die Angstneurosen der Herrschenden vor umstürzlerischen Kräften neu entzündet und ihnen mit den berüchtigten Karlsbader Beschlüssen von 1819 eine Handhabe geliefert hatte, alle intellektuelle Opposition im Keim zu ersticken, konkret durch Pressezensur und das Verbot der Burschenschaften. Der heimliche Ruhm Sands war freilich nach seiner Hinrichtung auch in Tübingen nicht erloschen und die Sympathie für die Burschenschaften genau so wenig, im Stift ebenfalls nicht. Wer sich jedoch verdächtig machte, musste mit empfindlichen Strafen rechnen.

Mörike kümmerte dies alles nicht sehr. Er bemerkte es nur gerade so am Rande und hielt sich heraus. Weniger aus Angst als aus innerer Reserve. Die politische Bühne war nicht die seine. Und das burschenschaftliche Gebaren mit seinem Pathos und seiner aufdringlich lauten Geselligkeit war ihm sogar ausgesprochen zuwider. So äußerte er sich schon am Ende seiner Uracher Zeit ironisch-kritisch, dass ihm »manch eisenfresserischer Studiosus« mit seinem weinseligen Geschrei einen Widerwillen einflöße, »wenn ich von Sand rühmlich sprechen höre«.[2] Und über die »Teutschtümelei« in solchen Kreisen hat er im NOLTEN-Roman eine saftige Satire beigesteuert.

Da bildete ORPLID die größere, weitere, ungleich beflügelndere Bühne, die er sich mit dem Freund Ludwig Bauer selbst gezimmert und mit phantastischen Kulissen bestückt hatte. Es war das Produkt einer augenblicklichen Eingebung und die Projektion einer Sehnsucht, die man »romantisch« nennen mag, zugleich. An einem Sommertag im Jahre 1825. Bauer erinnert Mörike in seinem Brief vom 27. Juni 1826 daran. Es sei ein herrlicher Morgen gewesen und sie beide seien im Wald spazieren gegangen. Da habe er, Ludwig Bauer, gesagt: »Wir sollten mit Zweigen eine Hütte bauen im Walde, und dies sollte vorstellen, wie sich Leute eine Stadt bauen; – wie möchte sie doch heißen?‹ ›Orplid‹, sagtest Du.« Und am selben Nachmittag, fährt Bauer fort, »vor des Bengels Kollegium, etwas vor drei Uhr, kamst Du zu mir, wir schwänzten und entwarfen so leichthin die Gestalt der Insel, wie ich sie noch auf einem Papier habe«. Diese Aufzeichnungen sind erhalten geblieben, sie überraschen durch ihre exakten geographischen Angaben (»Der bekannteste und ausgedehnteste Gebirgszug ist der Flemmard, der durch den Hauptfluss des Landes, die Wayla, und durch ihr Tal in zwei Teile getrennt wird …«), so dass das Ganze wie ein Vorläufer der Beschreibung von Tolkiens Fantasyland »Mittelerde« anmutet. Die Phantasieleistung gibt sich realistisch, und wenn sie auch eine Gegenwelt erschafft, so soll diese doch nicht von allem Wirklichkeitsbezug losgelöst sein.

Mörike selbst hat den Ursprung und die Konturen von ORPLID ebenfalls dokumentiert, im NOLTEN-Roman nämlich, und dort als Einführung, die der Schauspieler Larkens in das Schattenspiel DER LETZTE KÖNIG VON ORPLID gibt. In der Rolle des Larkens

---

2 Brief an Waiblinger vom März 1822.

erzählt Mörike von der Studienfreundschaft, in der Bauer und er »bald eine eigene Sphäre von Poesie« bildeten. »Wir erfanden für unsere Dichtung einen außerhalb der bekannten Welt gelegenen Boden, eine abgeschlossene Insel, worauf ein kräftiges Heldenvolk, doch in verschiedene Stämme, Grenzen und Charakterabstufungen geteilt, aber mit so ziemlich gleichförmiger Religion, gewohnt haben soll. Die Insel hieß Orplid, und ihre Lage dachte man sich in dem Stillen Ozean zwischen Neuseeland und Südamerika. Orplid hieß vorzugsweise die Stadt des bedeutendsten Königreichs: sie soll von göttlicher Gründung gewesen sein und die Göttin Weyla, von welcher auch der Hauptfluss des Eilands den Namen hatte, war ihre besondere Beschützerin.«

Natürlich handelt es sich bei ORPLID um einen Kunst-Mythos, der von den originären Mythen so weit entfernt ist wie die in der Romantik beliebten Kunst-Märchen von den ursprünglichen Volksmärchen entfernt waren. Der Kunst-Mythos ist eine bewusste poetische Schöpfung. Aber was ist die treibende Kraft in solcher Poesie, die ein Land Orplid ja nicht im einen Augenblick erfindet, um es im nächsten wieder zu vergessen? Nicht nur Mörike, auch Ludwig Bauer hat der Orplid-Traum zu Dichtungen angeregt, und das Thema bleibt lebendig bei beiden wie eine Quelle der Inspiration.

In seinem PRINZIP HOFFNUNG hat Ernst Bloch diesen in der Hauptsache doch wohl von Mörike ausphantasierten Orplid-Mythos zu den »Tagträumen« gerechnet. Das tut er ausdrücklich in kritischer Abgrenzung zu Erklärungsmustern, die Sigmund Freud und C. G. Jung geliefert haben. Für Freud sind Phantasieschöpfungen wie die von Orplid nichts anderes als seelische »Naturschutzparks«, in die sich zurückzieht, wer den Anforderungen der Realität nicht gewachsen ist. Also Flucht in eine Traumwelt, die mit der Wirklichkeit gar nichts zu tun hat. Bei C. G. Jung, bemerkt Bloch ironisch, »musste dies Introvertierte nur noch senkrecht hinab ausgeschachtet werden, um Orplid in Archaik zu verlegen; aus dem Naturschutzpark ins Tertiär«. Die Sehnsucht, die in der poetischen Phantasie von Orplid Gestalt gewinnt, wäre dann rein nach rückwärts gewendet, ein verlorenes Paradies beklagend, und darum ganz und gar melancholischer Art.

Davon ist zweifellos auch etwas vorhanden, zumal nach Mörikes Darstellung das Land Orplid ja keineswegs unversehrt blieb, sondern, von den Göttern verlassen, im wesentlichen zerstört wurde. Aber dieses Schicksal trägt doch eher dem Umstand Rechnung, dass man Orplid nicht einfach auf der Landkarte suchen und als Reiseziel erreichen kann und dass im Widerspiel zwischen Traum und Wirklichkeit einstweilen die Wirklichkeit siegreich zu bleiben pflegt. Einstweilen: denn darin ist Blochs Deutung gewiss zuzustimmen, dass solche»Phantasielandungen«, wie Mörike sie in seinem Orplid-Mythos vornimmt, immer der Ausdrucksversuch eines»utopischen Hoffnungsinhalts« sind. Dabei ist Mörike überhaupt nicht an den Merkmalen irgendwelcher Sozialutopien interessiert, wie sie Campanellas SONNENSTAAT oder Andreaes CHRISTIANOPOLIS geprägt hatten. Sondern in seinen Tagträumen von Orplid erscheint der vitale Wunsch nach Überwindbarkeit alles Einengenden und zur Routine Gewordenen. Man schwänzt das Kolleg und hat einen Hüttenbau vor im Wald: das ist ein bisschen Ausstieg, aber auch Verlangen nach einem Ort, wo Poesie unbehindert gelingen kann. Dieses Verlangen hat Mörike in seiner Distanz zum Alltäglichen mit all seinen Verpflichtungen und Zwängen lebenslang begleitet. Orplid konnte da die Qualität eines Traumlandes vom ungeteilten Leben gewinnen, ungeteilt in der Einheit mit einer lebens- und geheimnisvollen Natur und in der Einheit mit göttlichen Mächten, die nicht bedrohen und richten, sondern bergen und Heimat gewähren.

Mörike vermochte ganz hingege-
ben zu spielen. Und er fand Erfüllung am ehesten in solchen
Augenblicken, wo er sich ins Spiel vertiefen und darin sich ver-
wandeln und neu entdecken konnte. Das war in seinen
Jugendjahren so, Zeugnisse aus dem Uracher Seminar und aus
dem Studium in Tübingen gibt es reichlich. Und es ist ihm
geblieben bis ins Alter. Daher rührt die oft vernommene und
doch so missverständliche Einschätzung, der Dichter sei im
Grunde sein Leben lang eine kindliche Natur geblieben. Die Bemerkung geht fehl, wenn sie den Eindruck vermitteln möchte,
Mörike habe es nie geschafft, wirklich erwachsen zu werden. Sie
hat jedoch recht, wenn sie in die Richtung eines begründeten
kindlichen Trotzes weist, der sich mit gegebenen Wirklichkeiten
und ihren scheinbar unausweichlichen Zumutungen nicht ohne
weiteres abfinden mag.

Das Spiel mit Rollen und Masken hat ihm gelegen, und im
Tübinger Freundeskreis fand er Anlässe genug, es zu pflegen und
deswegen Applaus zu ernten. Vordergründig zeigte sich darin sein
komödiantisches Talent, das Hermann Hesse in seiner Erzählung
vom Presselschen Gartenhaus glänzend nachempfunden und in
Szene gesetzt hat. Ein Possenreißer und Schnurrenerzähler war er,
und nicht allein Wilhelm Hartlaub, der ohnehin von seinen Gaben gern Begeisterte, konnte die zahllosen Scherze des Freundes
rühmen. Die Szenen im Gartenhaus auf dem Österberg oder in
Lohbauers Laube darf man sich nicht nur als feierliche Sympo-
sien mit poetischem Tiefgang unter hochbegabten Dichterjüng-
lingen vorstellen, sondern auch als kindlich ausgelassene
Spielgelegenheiten. Bei denen drehte es sich immer irgendwie um
das Geheimnis der eigenen Identität, die im Versteckspiel sich
ebenso zeigt wie auch wieder verbirgt und jedenfalls nicht einfach

festgelegt werden kann. Im Spiel wird die Wirklichkeit der Welt zusammen mit der Wirklichkeit der eigenen Existenz zu einem theatrum, dessen Inszenierungen im höchsten Maße einnehmen und dessen Ausgang immer offen bleibt.

So konnte Mörike Phantasiegestalten erfinden wie den kauzigen Wispel oder wie den »sichern Mann«, in dessen urwüchsig derbes Charakterkostüm er sich bei entsprechender Laune versetzen und – nach Ludwig Bauers glaubwürdiger Erzählung aus dem Jahr 1829 – zu Späßen von beachtlicher Grobheit auflaufen konnte, wie man sie dem Autor feinsinniger Lyrik aus derselben Zeit gar nicht zutrauen möchte.

Im Spiel steckt Möglichkeitssinn. Der Vorrang des Wirklichen vor dem Möglichen wird bestritten, nicht auf Grund philosophischen Nachdenkens, sondern intuitiv, eben spielerisch. Nichts, was ist, unterliegt dem Gesetz, gar nicht anders sein zu können. Darum bevölkern Mörikes Dichtungen die Schauspiele, das phantasmagorische Spiel von Orplid im NOLTEN, der Mummenschanz im HUTZELMÄNNLEIN. Larkens, die eigentliche Hauptfigur im NOLTEN, ist ein Spielender aus Passion, und zwar nicht nur im komödiantischen, sondern durchaus im tragischen Ressort, er ist ein Maskenträger durch und durch und nicht allein dort, wo er nach eigenem Bekunden seine »Maskenkorrespondenz« mit Agnes betreibt. Die Zigeunerin im NOLTEN bildet eine einzige Spielform der Rätselhaftigkeit eines Menschen, die im übrigen sogar direkt die konkrete Maskerade nutzt, um in der Neujahrsnacht ihrem geliebten Nolten unerkannt nahe zu kommen. Und Nolten selbst: er stellt von der ganzen Anlage her die Romanfigur dar, in die Mörike sich selbst hineinverwandelt und auf solche Weise zugleich offenbart und versteckt hat; ein Vorgehen, das ihm in späteren Jahren größerer Distanz dann doch bedenklich erschienen ist.

Maskenhaftes hat noch Theodor Storm bei seiner Begegnung

mit Mörike 1855 wahrgenommen und notiert:»In seinen Zügen aber war etwas Erschlafftes, um nicht zu sagen Verfallenes«, schreibt er,»zugleich ein fast kindlich zarter Ausdruck, als sei das Innerste dieses Mannes von dem Treiben der Welt noch unberührt geblieben.«

Nicht verwunderlich, dass es auch der ältere Mörike nicht verlernte, sondern eher neu übte, mit Kindern einen spielenden Umgang zu pflegen, mit Hartlaubs Kindern zuerst, dann mit den eigenen.»Wie freu ich mich auch auf die Kinder!«, schreibt er 1840 an Hartlaub.»Als wenn es meine wären.« Und dann bittet er den Freund, seinen Kindern zu erzählen, wie im Cleversulzbacher Garten ein Nest mit Jungvögeln, sogenannten»Pfannenstielen«, gefunden worden sei. Sie hießen wegen ihres Schwanzes so, der länger sei als der ganze übrige Vogel. Der Vogelliebhaber Mörike, der sich gern einen kleinen Sänger im Käfig hielt, war geneigt, die Brut auszuheben und unter seinem Schutz aufziehen zu lassen, fühlte sich aber im Gewissen gebunden durch einen Konsistorialerlass, welcher dergleichen untersagte. Was ihn zu den Versen veranlasste:

> Die Familie Pfannenstiel
> Hat nunmehr gewonnen Spiel,
> Weil in selbigem Dekret
> Viel zu ihren Gunsten steht.

Wie zu erwarten, bleibt das Nest nicht ungeschoren. Ein»vierzigjähriger Flegel« hat es geplündert, und die Tiere wären zweifellos alle umgekommen, wäre Mörike nicht ihre Rettung geglückt; so dass er diesen schönen Erfolg mit dem Zweizeiler feiern kann:

> Die Familie Pfannenstiel
> Schwelgt in lauter Lustgefühl!

Dem Spielenden kann alles zu einem Gegenstand des Spiels werden, sei es ein ausgedienter Turmhahn oder ein erlebtes Gewitter, bei dessen Grollen und Donnerschlagen er die Phantasie hat, Mozart müsse »mit dem Kapellmeister-Stäbchen unsichtbar in meinem Rücken gestanden und mir die Schulter berührt haben, denn wie der Teufel fuhr die Ouvertüre zum Titus in meiner Seele los, so unaufhaltsam, so prächtig, dass sich mir beide Fäuste vor Entzücken ballten«[3]. Ähnlich verhält es sich mit dem alten Gartentor in Cleversulzbach, dessen Melodie in den Scharnieren ihn eines Tages spielerisch beschäftigt, bis er herausfindet, dass das rostige Ding das Eingangsmotiv einer Mozartschen Sopranarie musiziere:

... Wie manches liebe Mal stieß ich
Den Riegel auf an der geschwärzten Gattertür
Und bog das überhängende Gesträuch zurück,
Indem sie sich auf rost'gen Angeln schwer gedreht! –
Die Tür nun, musikalisch mannigfach begabt,
Für ihre Jahre noch ein ganz annehmlicher Sopran
(wenn sie nicht eben wetterlaunisch war),
Verriet mir eines Tages – plötzlich, wie es schien,
Erweckt aus einer lieblichen Erinnerung –
Ein schöneres Empfinden, höhere Fähigkeit.
Ich öffne sie gewohnter Weise, da beginnt
Sie zärtlich eine Arie, die mein Ohr sogleich
Bekannt ansprach. Wie? rief ich staunend: träum ich denn?
War das nicht ›Ach nur einmal noch im Leben‹ ganz? ...

Homo ludens. Nicht der homo faber, dem es um Wirklichkeitsbeherrschung geht und der deshalb Technik hervorbringt und sich im Technischen erfüllt. Auch nicht der homo

---

3 Brief vom 5. Juni 1832.

oeconomicus, der an dem Wachstum von äußeren Lebensgütern seinen Erfolg bemisst. Und auch nicht der homo philosophicus, der in ständiger Verstandesmühe darum besorgt ist, die Welt in Gedanken zu fassen. Mörike lebt, indem er spielt, ohne deswegen ein im vordergründigen Sinne »spielerisches Leben« geführt und erreicht zu haben. Die Widerstände des Alltags und die Leiden an seinen Beschränkungen, den gesundheitlichen ebenso wie den beruflichen und den wirtschaftlichen, waren zu massiv dazu. Aber gesucht und gesehnt hat er sich immer nach dem anderen, nach der Möglichkeit von Spiel, Phantasie, Gegenwelt. Orplid ist eine zauberhafte und in Mörikes Leben lange widerhallende Manifestation dieses Phantasiespiels, das in Tübingen begonnen hat und im NOLTEN seinen literarischen Niederschlag fand. DER SCHATZ, dieses leider sehr vernachlässigte Märchen Mörikes, wäre ohne diesen Grundzug in seinem Wesen ebenso undenkbar gewesen wie das STUTTGARTER HUTZELMÄNNLEIN. Für »ernste« Aufklärungsgeister wie den Alters- und Standesgenossen David Friedrich Strauß war dies alles eher abwegig und seltsam, und er ließ es Mörike wissen. Aber den kümmerte es nicht. Das Spiel als Mittel seiner Wirklichkeitsbegegnung war eben nicht nur eine Marotte, die er hätte ablegen können. Sie war Ausdruck seines Wesens.

Und pflegen konnte er dies am besten in der Sprache. Seine gesamte Poesie begreifen heißt: sie als Spiel begreifen. Seine Gedichte sind darum auch nicht »gemacht«, wie Verseschmiede mäßiger oder auch gehobener Handwerkskunst eben »Gedichte machen«. Sie sind »herausgespielt« aus seinem besonderen poetischen Wahrnehmungsvermögen. Eine kindliche Lust kann da durchaus mitspielen und bestätigt bloß den allgemeinen Sachverhalt, dass das sprachliche Vermögen den Dichter zu Sprachspielen reizt. Man denke nur an Mörikes unerschöpflichen Einfallsreichtum bei der Erfindung von Namen, quer durch sein gesamtes Schrifttum, vom Sehnsuchtsland ORPLID bis zum SUCKELBORST in der Ballade vom SICHERN MANN und zu den Elfenvölkern im SCHATZ: den »Feldmessern«, »Breitsteißlern«, »Zappelfüßlern«, »Heuschreckenrittern« und »Waidefegern«. – Dazu passt, dass Mörike es für ratsam hielt, seinen NOLTEN nicht unter eigenem Namen, der den Vikar von Ochsenwang identifiziert hätte, sondern pseudonym herauszugeben und diese bescheidene Gelegenheit zum Spiel auch gleich kräftig zu nutzen. Seinem Freund Johannes Mährlen, der bei der Wahl des Pseudonyms jedenfalls eine Namen-Assonanz empfohlen hatte, stellt Mörike eine kleine Vorschlagsliste zusammen und merkt weiter an: »Es kommen mir zwischenein allerlei Dummheiten in Kopf: wie E. Meerschwein, Meerrettig, Mopsvesta usw.«; wobei anzumerken ist, dass Theodor von Mopsvestia ein frühkirchlicher Theologe war, von dessen entlegener Existenz man allenfalls in dogmengeschichtlichen Vorlesungen Kenntnis nahm.

Spiel und Spielerei sind nicht dasselbe, so wenig der homo ludens als naiv oder sogar als kindisch zu bezeichnen wäre. Spielerei ist artifiziell und unernst zugleich. Einem Mörike dagegen war es durchaus Ernst mit dem Spiel, und wenn er einmal in seinem Ochsenwanger Vikariat den Seufzer an seine Verlobte ausschickt, dass er »die Tage so wegschwinden sehe ohne eine Spur von wahrhaftigem Leben«, dann wird damit augenscheinlich auf die für sein Empfinden harte Berufswirklichkeit angespielt, die den Freiraum nicht zulasse, in dem allein Spiel und Phantasie sich entfalten können.

Der große Theoretiker des homo ludens, der holländische Philosoph Johan Huizinga, ist der Bedeutung des Spiels für das individuelle menschliche Leben und für die Kultur insgesamt nachgegangen. Er schreibt: »Der Mensch spielt als Kind zum Vergnügen und zur Erholung unterhalb des Niveaus des ernsthaften Lebens. Er kann auch über diesem Niveau spielen: Spiele der

Schönheit und Heiligkeit.«[4] – Mörike konnte ausgelassen spielen – und durchaus unernst, namentlich in den Jahren seiner Uracher und Tübinger Freundschaften. Aber das war Präludium. Gewollt und gesucht und zweifellos auch erreicht hat er das Spiel über dem Niveau der reinen Ernsthaftigkeit: das Spiel der Schönheit, ja auch das Spiel der Heiligkeit.»Als ob die Poesie nur Spaß wäre!« Diese empörte Richtigstellung stammt zwar von Waiblinger, nachdem ihn die trockenen Dozenten am Tübinger Stift mahnend auf die »ernsten Wissenschaften« hingewiesen hatten; aber Mörike hätte das ebenso sagen können. Zwangsläufig trifft das Spiel so wenig mit dem Spaß zusammen, wie Ernst zwangsläufig mit Wahrheit zusammengeht. Homo ludens, der Spielende, verlässt die Wirklichkeit nicht. Er verwandelt sie. Auch wenn er sich nicht anschickt, sie mit kämpferischen Ideen und politischen Programmen zu verändern, sondern in der poetischen Imagination. Entscheidend an dieser Stelle liegen die Grenze und die Differenz zwischen Mörike und Heine. Heine verlangte nach dem »Reich der Freiheit« und erhoffte es nach grundstürzenden Veränderungen im »Reich der Notwendigkeiten«. Für Mörike tat sich das »Reich der Freiheit« auf in den Möglichkeitsräumen des Spiels und der Schönheit.

Es ist darum nicht bloß das Romantische in ihm oder gar das Biedermeierliche seiner Lebensweise, das ihn im Spiel einer ungenügenden Wirklichkeit trotzen ließ. Vielmehr war es seine nahezu vollkommene Existenz des homo ludens. Über den bemerkt Huizinga weiter, und die folgenden Zeilen lesen sich wie ein kleiner kulturphilosophischer Kommentar zum Leben und Wirken Eduard Mörikes: Es »bleibt das Dichten, das in der Spielsphäre geboren ist, immerfort in dieser zu Haus. Poiesis ist eine

---

4 Johan Huizinga, Homo ludens, Versuch einer Bestimmung des Spielelementes der Kultur, 1939, S. 32.

Spielfunktion. Sie geht in einem Spielraum des Geistes vor sich, in einer eigenen Welt, die der Geist sich schafft … Sie (die Dichtung) steht jenseits vom Ernst, auf jener ursprünglichen Seite, wo das Kind, das Tier, der Wilde und der Seher hingehören, im Felde des Traums, des Entrücktseins, der Berauschtheit und des Lachens. Um Dichtung zu verstehen, muss man fähig sein, die Seele des Kindes anzuziehen wie ein Zauberhemd und die Weisheit des Kindes der des Mannes vorzuziehen.«[5]

Prekäre Freundschaft: Wilhelm Waiblinger

Man hat Mörike ein ausgezeichnetes Talent zur Freundschaft attestiert. Er konnte anziehend wirken, Menschen an den Bewegungen seines Geistes und seiner Seele teilhaben lassen, ohne je beherrschend werden zu wollen dabei. Er war aufmerksam beim Zuhören und einfühlsam im persönlichen Gespräch und in seinen Briefen. Seine Liebesbriefe sind zahlreich, aber noch weit umfangreicher ist die Sammlung der Freundschaftsbriefe. Selten haben sie monologischen Charakter in dem Sinne, dass Mörike nur von sich selbst und seinen Erlebnissen und Plänen berichtete. Zumeist antworten sie auf Mitteilungen der Briefpartner und bedenken deren gegenwärtige Lage. Besonders ausgeprägt erscheint das in seinen Trostbriefen, die er anlässlich eines schmerzlichen Todesfalls befreundeten Menschen geschrieben hat, so Emanuel Geibel zum Tod seiner Frau, Wilhelm Hemsen zum Tod der Mutter und Johannes Mährlen, als dessen Sohn im Krieg 1871 gefallen war. Hier werden die Briefe des talentierten Freundes zu seelsorgerlichen

---

5 a. a. O., S. 192f.

Beiträgen von tiefem Einfühlungsvermögen und von persönlicher Authentizität.

Dass den Großteil seiner Freundschaftsbriefe die eigene Lässigkeit beim Aufrechterhalten der Korrespondenz wie ein ewiger selbstanklagender Refrain durchzieht, spricht keineswegs gegen seine Wertschätzung von Freundschaftsbeziehungen. Es ist mehr jener spezifisch Mörikeschen Bequemlichkeit zuzuschreiben, deren er sich geradezu mechanisch bedienen konnte, wenn er sich zu ungeliebten Pflichten gerufen fühlte. Dann legte er sich eben, wie ein trotziges Kind sich einfach verweigernd, auf die faule Haut; oder auch, was etwas mehr Übung voraussetzte, auf die kranke. Aber wenn er Freundschaftspflege auf diese Weise auch über längere Strecken schleifen lassen konnte, so hat er doch in der Regel seine Freundschaften zu erhalten versucht. Auch mit Wilhelm Waiblinger hat er nicht wirklich gebrochen, sondern sich lediglich von ihm zurückgezogen. Einen klärenden Abschiedsbrief an ihn hatte er zwar geschrieben und er ist auch erhalten. An Waiblingers Adresse aber abgeschickt hat er ihn nie. Hartlaub hat ihm das später als Schwäche vorgeworfen.

Wilhelm Waiblinger war für Mörike in den Tübinger Anfangsjahren Magnet und Versuchung zugleich. Er fühlte sich zu dem Gleichaltrigen, der am 21. November 1804 in Heilbronn geboren war, hingezogen wie dieser nach eigenem Bekunden auch zu Mörike. Beide waren begeistert von der Poesie und bereit, ihr alle Kräfte und alle Zeiten des Lebens zu widmen. Beide studierten Theologie, ohne je von ihr wirklich ergriffen worden zu sein. Und doch waren sie in ihrer Art grundverschieden. David Friedrich Strauß hat es auf die Formel gebracht: »War Waiblinger imposant, so erschien Mörike rätselhaft.«

Zweifellos verriet Waiblinger in seinen jungen Jahren unverkennbare Züge von Genialität. Schon im Sommer 1822, als 17-jähriger also, schrieb er seinen, an der Person und dem

Schicksal Hölderlins ausgerichteten Briefroman PHAETON, der im Jahr darauf durch Vermittlung Gustav Schwabs veröffentlicht wurde. Aber was da an jugendlichem Genie zum Vorschein kam und selbstredend Bewunderung erntete, wurde doch unangenehm übersteigert von Waiblingers hochfahrender Selbsteinschätzung. Im Grunde fühlte er sich allen im Stift weit überlegen, sogar Mörike, den er schätzte, aber den er auch schlicht einen »lieben Kerl« nennen und – sehr von oben herab – maßregeln konnte, wenn etwa eine erwartete Briefantwort nicht unverzüglich einging: »Du möchtest mir demnächst in Zukunft baldigst auf jedes meiner Schreiben antworten …«

Waiblinger besaß nicht nur genialische Anlagen, er demonstrierte sie auch vor sich und vor anderen. Er stilisierte sich selbst als poetisches Genie und tat das neben seinen literarischen Erzeugnissen in einem Lebenswandel, der nun wirklich mit allen guten Sitten der alten Stiftsordnung brach und obendrein der bürgerlichen Anständigkeit in Tübingen eine Nase um die andere drehte. Sein Konsum an Bier und Wein in einschlägigen Kneipen war beträchtlich, und er versäumte nicht, ihn nach Maß und Zahl in seinen Tagebuchaufzeichnungen festzuhalten, die er gern seinen Mitstudierenden im Stift, auch Mörike natürlich, zu deren ungläubigem Staunen und andächtigem Erschrecken als Lektüre in die Hand gab. Denn nicht allein seine Trinkfestigkeit bezeugte er darin, sondern mehr noch, für die Lesenden aufregender und inspirierender, seine wechselnden Liebschaften. Andere träumten von der Liebe, Mörike dichtete über sie, Waiblinger besang und praktizierte sie.

Unbestritten ist, dass Mörike von seinem Freund Waiblinger nicht nur angetan war, sondern auch eine Seelenverwandtschaft mit ihm empfunden (»Mörike folgt mir ganz in meine Welt«, notiert Waiblinger 1822) und viel von ihm gelernt hat. Der erstaunlich belesene Freund hat ihn angehalten, die große Dichtung der Vergangenheit zur Kenntnis zu nehmen, und schon 1821, als beide erst brieflich miteinander verkehrten und sich persönlich noch nicht begegnet waren, schreibt er, welche Lektüren ihn gerade beschäftigen, nämlich: Thukydides und Ciceros Reden und Livius, Swift, Shakespeare, Herder, Cervantes, Calderon, Lessing, Jean Paul und schließlich und tatsächlich – JOHANNIS EVANGELIUM. Dies mit dem zusätzlichen Vermerk: »Ich treibe dir alles zusammen.«

Gelernt hat Mörike durch ihn sicher auch, dass ein poetisches Talent gut daran tut, sich an antiken Vorbildern zu schulen, selbst wenn er nicht den Enthusiasmus für Hellas und Rom entwickeln konnte, der Waiblinger eigen war. In seiner Poesie hat er nicht selten auf die Formgesetze der antiken Dichter zurückgegriffen und noch in späteren Jahren sich an die Herausgabe von Anthologien und auch an eigene Übersetzungen griechischer und lateinischer Lyrik gemacht. Ohne Waiblingers starken Einfluss wäre es dahin wahrscheinlich nicht gekommen.

Aber Wilhelm Waiblinger war nicht nur talentiert und unkonventionell. Er trug in sich ein Feuer, das ihn fortwährend lichterloh brennen ließ und in absehbarer Zeit zu verbrennen drohte. Die Faszination von Hölderlin war ihm auch wie eine düstere Prophetie auf die eigene Zukunft: wer als überlegener Geist die Welt nicht erträgt, wird von ihr mitleidlos zu Grunde gerichtet.

In der Wahrnehmung anderer war es freilich Waiblinger selbst, der in einer Art unheimlicher Zielstrebigkeit den eigenen Untergang betrieb. Die Exzesse, mit denen er noch hier und da pubertäre Bewunderung erregen konnte, aber zunehmend auch Disziplinierungen in Stift und Stadt heraufbeschwor, gipfelten endlich in einem ausgemachten Skandal, der ihm die Entlassung im Stift und im Grunde genommen auch den baldigen Tod eintrug. Ursache war ein Liebesverhältnis zu Julie Michaelis, einer schönen jungen Jüdin, die zusammen mit ihrem Onkel und ihrem Bruder, beides Professoren, in Tübingen lebte. In seinem Tagebuch hat Waiblinger Szenen dieser Liebe aufgezeichnet, redet von »meiner Julie«, die ihm geworden, »was ich nie von einem Weibe hoffen konnte«, von »heiterer Liebe« und ihren »liebematten Augen« und vom »Tempel meines Glücks«. Das Unglück allerdings wollte es, dass das Liebesverhältnis von Julies Angehörigen aufgedeckt und Waiblinger von Onkel und Bruder Michaelis zur Rede gestellt und dazu verpflichtet wurde, das Mädchen für die Dauer von zwei Jahren nicht mehr zu sehen, ihr auch nicht mehr zu schreiben. Dies nicht genug, ereignete sich wenig später ein Brand im Klinikum, wo die Michaelis wohnten, und zwar zweimal hintereinander, so dass Julie nur mit Not gerettet werden konnte. Waiblinger geriet dadurch weiter ins Zwielicht, zumal Verdacht bestand, ein gewisser Domeier, dem Waiblinger Stunden gegeben hatte, habe das Feuer gelegt.

Für das Stift jedenfalls war er nicht mehr tragbar. Für Tübingen insgesamt eigentlich auch nicht. Waiblinger zog die Konsequenzen, verließ Stadt und Land und ließ sich in Rom nieder. Von dort schrieb er noch einen ausführlichen, die Schönheiten Roms preisenden Brief an Mörike, den dieser aber nicht erwiderte. Lange hat der auf seine Weise Besessene und inzwischen allseits Geächtete in Rom nicht überlebt. Er starb dort, allein, verwahrlost, krank am 17. Januar 1830, nicht einmal 26 Jahre alt. Seine letzten Zeilen an die Eltern wenige Tage zuvor lauten: »Lebet wohl, geliebte Eltern! Ich sterbe auf Römischem Boden.«

Ludwig Bauer, der andere im Dreierbund, hatte sich in einer schriftlichen Erklärung von Waiblinger getrennt, nachdem ihn seine Schwester von der Notwendigkeit dieses Schritts überzeugt hatte. An Mörike war es, den Brief zu überbringen. Er datiert vom Dezember 1824 und argumentiert moraltheologisch einem ehemaligen Freund gegenüber, dem »das Geständnis, gesündigt zu haben, nie über die Lippen kam« und der in Julie Michaelis

»ein reines, heiliges Wesen aus voller Herzensunschuld, aus Kindlichkeit, Liebe und Religion in diese Hölle gezogen, mit vollem Bewusstsein, dass es eine Hölle sei ...« Und: »ihren Gott nahmst du ihr, und wolltest selbst ihr Gott sein.« Erkennbar redet da der angehende Pfarrer als unerbittlicher Bußprediger, und Mörike wäre es nicht von ferne eingefallen, seinen Freund Waiblinger mit ähnlichen Waffen zu bekriegen. Einverstanden mit Waiblingers Verhalten war er freilich ebenfalls nicht. Dazu trug nicht zuletzt seine ältere Schwester Luise bei (auch hier die Schwester!), die ihn mit all ihrer geschwisterlichen Liebessorge bedrängte, dieser prekären Freundschaft ein Ende zu setzen. Mörike war denn auch innerlich bereit, selbst wenn er es vermied, den äußeren Schlussstrich tatsächlich zu ziehen. Sein nicht abgesandter Brief an Waiblinger vom 8. April 1825 ist besonders darin aufschlussreich, wie er seine Distanzierung diesem schwierigen Freund gegenüber begründet. Denn das klingt völlig anders als bei Ludwig Bauer. Mörikes Hauptargument gegen eine fortdauernde Freundschaftsbeziehung zu Waiblinger ist die Unvereinbarkeit ihrer beiden Naturen. Ihn habe schon länger die Sorge umgetrieben, »dass wir nicht beieinander bleiben könnten«, schreibt er. Sie hätten auf weitere Sicht füreinander nur »ein Hindernis« sein können, »ein Aufenthalt unseres Laufes, den jeder für sich nehmen muss«. Und es sei nun einmal seine Gewissheit, »dass ich die Poesie im Umgang mit keinem zweiten teilen« könne.

Die Äußerungen erklären schlecht, warum Mörike sich im selben Augenblick, in dem Waiblinger angesichts seiner Eskapaden unter Druck geriet, von dem nahen Freund trennte. Sie aber erklären sehr gut und darum auch glaubwürdig, warum er es überhaupt tat. Denn nichts war ihm unerträglicher, als einem fremden Gesetz unterworfen zu sein, und wäre es auch das geistige eines Freundes gewesen. Alle Leitung in seinem Leben war im Grunde von innen gesteuert, niemals von außen. Darum wurde alles Eigenerlebte zur Quelle seiner Dichtung und nicht das Objektivierbare, sei es in Gestalt allgemeingültiger Ideen oder in Gestalt historischer Ereignisse. Zum Dramatiker nach dem großen Vorbild Shakespeares, dem er in jungen Jahren so gern nachgeeifert hätte, fehlte ihm der ausgeprägte Sinn für das Historische. Zum Epiker letzten Endes wohl der Sinn fürs Philosophische. Im Kern hat er als Lyriker begonnen und ist es geblieben, und auch dort, wo er erzählt, großartig erzählt, macht das Lyrische den besonderen Reiz seines Erzählens aus.

Waiblinger also erschien ihm zu stark, als dass er ihn neben sich lange hätte ertragen können. Er hätte ihn erdrückt. Er hätte die kreativen Kräfte, die ihm ganz aus dem Eigenen strömten, zwangsläufig erstickt. Auch unter anderen Umständen, die Waiblingers tragisches Ende so nicht herbeigeführt hätten, wäre Mörikes Entscheidung kaum anders ausgefallen. Als lebenslanger Freund eignete sich, sehr im Unterschied zum Typus Waiblinger, viel eher Wilhelm Hartlaub, der für Mörike immer wie ein Spiegel seiner Seele und ein Echo seiner Dichtung, aber eigentlich nie sein Kontrapunkt gewesen ist.

Der frühe Tod Waiblingers in Rom hat Mörike bestürzt. Nachträglich hat er tief bedauert, dass er auf dessen letzten Brief aus Italien, der offensichtlich noch einmal einen Kontaktversuch darstellte, nicht reagiert hat. Auch wenn das ein Akt des Selbstschutzes war, gab es ihm doch ein Schuldgefühl ein: »die Reue, ihm einen sehr liebevollen Brief aus Rom nie beantwortet zu haben, wird mir immer bleiben«, schreibt er an Mährlen im Februar 1830, unter dem Eindruck der Todesnachricht. Den »ärmsten unserer Freunde« nennt er Waiblinger im selben Brief und bedauert, dass man jetzt »im Vaterlande so grausam und mit so gemeinem Hass über seine Leiche« herfalle, statt eine »versöhnende Stimme« zu riskieren.

Diese versöhnende Stimme hat Mörike Jahre später vernehmlich von sich zu geben versucht, als er sich daran machte, Waiblingers Gedichte in Auswahl herauszugeben. Nachdem er 1839 die Einladung eines Verlags ausgeschlagen hatte, eine Biographie über Waiblinger zu schreiben, begann er Ende 1841 damit, aus dem gedruckten lyrischen Werk Waiblingers eine eigene korrigierte Auswahl für eine Neuveröffentlichung zusammenzustellen. Seine Absicht dabei war, »das Vorzüglichste der lyrischen und epigrammatischen Stücke in einem Bändchen« zu edieren. »Es wäre weit das Beste, was man zu Waiblingers Andenken unternehmen könnte«.[6] Das Ergebnis wurde zwiespältig. Denn Mörikes Würdigung des ehemaligen Freundes erfolgte mit so vielen, zum Teil tief greifenden und absolut unbekümmerten Veränderungen an den Originaltexten, dass Waiblinger dadurch nicht nur ehrend erinnert, sondern auch unzulässig »verbessert« wurde.

Prekäre Liebe: Maria Meyer / Peregrina

Wie ein feuriger Komet trat sie ins Leben des Studenten Eduard Mörike, entflammte ihn und verlor sich ebenso plötzlich wieder im Unbekannten, während sie in ihm eine Leuchtspur hinterließ, die ihn lange begleiten und poetisch inspirieren sollte: Maria Meyer.

Sie umgab ein Geheimnis, und sie verstand es auch, dies Geheimnis zu kultivieren. Ihre Herkunft lag zunächst ganz im Dunkeln. Sie behauptete gern, aus Österreich-Ungarn zu stammen und ihrer Familie entlaufen zu sein, die sie in ein Kloster habe stecken wollen; eine pittoreske biographische

---

6 Brief an Hartlaub vom 26. 12. 1841.

Kulisse, die ihre Wirkung auf die jugendlichen Verehrer nicht verfehlt haben dürfte. Tatsächlich hatte sie der Brauereibesitzer Wilhelm Mergenthaler aus Ludwigsburg auf einem Steinhaufen vor der Stadt ohnmächtig vorgefunden, sie auf seinen Wagen geladen, nach Hause gebracht und in seinem Ludwigsburger Gasthaus »Zum Holländer« als Serviermädchen angestellt. Da sie ausnehmend schön gewesen sein muss (ein Bild von ihr ist nicht erhalten) und obendrein als gebildete Person gelten konnte, wurde sie in »Helms« Wirtschaft rasch zu einer Attraktion. Mörike lernte sie dort in der Ostervakanz 1823 kennen, die er bei seinem alten Schulfreund Rudolf Lohbauer verbrachte, und verfiel ihrem Reiz und dem Mysterium, in das sie gehüllt schien. Lohbauer übrigens erging es kaum anders. Sie waren dem Geheimnis der Liebe in Person begegnet.

Die äußere Geschichte dieser Liebe ist schnell erzählt. Mörike kehrte aus den Ludwigsburger Osterferien nach Tübingen zurück, es gab einen Briefwechsel hin und her, von dem allerdings nichts geblieben ist, weil Mörike später alles sorgfältig vernichtet hat.

Die Irritation setzte ein mit der Nachricht, Maria habe Ende 1823 Ludwigsburg, wo sie zwischenzeitlich bei Lohbauers Mutter untergekommen war, fluchtartig verlassen und sei unter eigentümlichen Umständen in Heidelberg aufgetaucht. Mörike schwante Unerfreuliches und er wandte sich brieflich an den Heidelberger Maler Christian Köster, der Kontakt zu ihr hatte. Der antwortete mit einem Brief vom Februar 1824, der Mörike wenig Hoffnung auf eine gute Fortsetzung der Beziehung machen konnte. Maria Meyer sei auch in Heidelberg mit ihren Gönnern »schon zerfallen, und der Boden fängt an, unter ihren Füßen zu wanken. Sie hätte sehr anständig hier leben können. Du mein Gott! Was ist das für ein Geschöpf! Seinem Schöpfer gleicht es von außen, inwendig ein Chaos.«

Eduard Mörike,
Bleistiftzeichnung von Johann Georg Schreiner 1824

Die besorgte große Schwester Luise hat Mörike bereits Monate zuvor eindringlich gewarnt. In einem Brief vom April 1823 nennt sie Maria Meyer und Rudolf Lohbauer in einem Atemzug und bekennt dem Bruder, dass sie beiden nicht vertraue und beide »nicht auf dem rechten Wege« sehe. Maria insbesondere durchschaue sie nicht. Ihr ganzes Wesen erscheine ihr »in einem geheimnisvollen, dunklen, ja fast könnte ich sagen in einem zweideutigen Lichte«.

Was einen erheblichen Teil der Faszination ausmachte, die Maria Meyer auf Mörike auszuüben vermochte, nämlich ihr undurchschaubares und unstetes Wesen, wurde zunehmend zum Anlass der Krise. Der Briefwechsel wurde eingestellt. Im Januar

1824 lässt Mörike die Schwester wissen, Marias Leben habe »aufgehört, in das meinige weiter einzugreifen«. Im Sommer 1824 taucht die Rätselhafte in derselben inszenierten Bewusstlosigkeit noch einmal in Tübingen auf, offenbar mit dem Versuch, Mörike zu erreichen, der ein Wiedersehen aber verweigert. Diese Entscheidung dürfte ihm nicht leicht gefallen sein. Es war immerhin ein Akt der Vernunft gegen die Leidenschaft und sicher auch eine Maßnahme aus der Ahnung heraus, dass er bei weiteren Investitionen von Gefühlen in diese problematische Liebesbeziehung am Ende nur Verletzungen davontragen werde. Die reale Begegnung mit Maria Meyer war damit beendet, die innere Begegnung mit ihrem Bild dagegen nahm jetzt erst ihren eigentlichen Anfang. Aus der Maria Meyer wurde die PEREGRINA des entsprechenden Gedicht-Zyklus, der zum Bedeutendsten in seinem lyrischen Werk überhaupt gehört und woran er in Abständen immer wieder gearbeitet, gefeilt und verbessert hat. Und aus ihr sind die literarischen Gestalten der Zigeunerin Elisabeth im NOLTEN-Roman sowie ihrer Mutter Loskine erwachsen, mit all ihrer dunklen Hintergründigkeit und ihrer Nähe zum Mysterium ebenso wie zum Wahnsinn.

Es ist erst späterer Forschung gelungen, Maria Meyers Herkunft und Geschichte genauer zu erhellen. Dass sie aus der Schweiz stammen müsse, war freilich schon bei ihrem Ludwigsburger Gastspiel zu vermuten, weil ihr alemannischer Akzent sie in dieser Hinsicht verriet. Sie war 1802 in Schaffhausen unehelich zur Welt gekommen, hatte sich schon in jungen Jahren von daheim abgesetzt, sich in verschiedenen Dienststellen versucht, sich hier und da angehängt und war sogar in den Kreis der erwecklichen Wanderpredigerin Baronin von Krüdener hineingeraten, die im Südwesten apokalyptische Botschaften verbreitete und nicht zuletzt deswegen bekannt geworden war, weil sie Zar Alexander I. beim Konzept der Heiligen Allianz 1815 zur Hand gegangen war. – Maria wurde als Herumtreiberin aufgegriffen und wegen »moralischer Verdorbenheit« ins Arbeitshaus gesteckt. Sie kam, gesundheitlich angeschlagen, vorübergehend wieder nach Schaffhausen und setzte sich dann ins Württembergische ab. Ihre psychische Labilität dürfte krankhaft gewesen sein. Nach ihrer Zurückweisung durch Mörike wurde sie in Tübingen noch eine Weile unterstützt, hielt es, wie bei ihr üblich, selbst nicht aus und war nicht auszuhalten und wurde in die Schweiz abgeschoben, woher sie im April 1826 ein letztes Mal nach Tübingen reiste, um Mörike zu sehen. Auch diesmal ohne Erfolg. 1836 hat sie in der Schweiz geheiratet und mit ihrem Mann in verschiedenen Ortschaften in dürftigen Verhältnissen gelebt, unter anderem im Thurgauischen Wihlen, nicht weit von Egelshofen, wo Mörike sich 1851 zusammen mit seiner Schwester Klara aufhielt. Peter Härtling hat aus dieser zufälligen und für beide Teile unbewussten räumlichen Annäherung in seiner Erzählung DIE DREIFACHE MARIA eine späte Begegnung der Maria Kohler mit Eduard Mörike werden lassen, freilich eine Begegnung ohne Berührung und nur von ferne, weil Maria den früheren Geliebten nur noch einmal unerkannt sehen, nicht mit ihm reden und ihm näher kommen wollte. Tatsächlich getroffen haben sie sich nicht mehr. Mörike hat sich auch niemals und bei niemandem nach Maria erkundigt, die am 2. September 1865 gestorben ist.

So viel zur äußeren Geschichte. Die innere Geschichte der Beziehung Mörikes zu dieser schönen, schillernden und auf ihre Weise hinreißenden jungen Frau bewegt sich in einem anderen Raum: dem der Erinnerung, der geistigen Verklärung, der poetischen Imagination. Mörike hat sie geliebt und er hat an ihr gelitten, beides. Albrecht Goes meint, es sei »die eine tief versehrende Liebesbeziehung« seines Lebens gewesen. Und der Freund Ludwig Bauer urteilte schon im Juli 1824, Mörike trage das Bild Maria Meyers »als heilige Reliquie in seinem Herzen«. Und Mörike selbst hat viel von Goethes Mignon in ihr wiedergefunden, dem schönen »geheimnisvollen Kind« aus WILHELM MEISTERS LEHRJAHREN, das Wilhelm bei einer herumreisenden Seiltänzergruppe entdeckt, schlecht behandelt und verstört: »Wilhelm konnte sie nicht genug ansehen. Seine Augen und sein Herz wurden unwiderstehlich von dem geheimnisvollen Zustande dieses Wesens angezogen.«

Eine eigene literarische Verarbeitung seiner Bekanntschaft mit Maria Meyer hat Mörike in erster Linie in den Gedichten des PEREGRINA-ZYKLUS (s. S. 203) vollzogen. Sie haben ihre eigene komplizierte Entstehungsgeschichte. Denn Mörike hat wiederholt Veränderungen an ihnen vorgenommen. Die ursprüngliche Fassung, die in den NOLTEN-Roman eingefügt wurde, unterscheidet sich deutlich von der Komposition, die der Zyklus für die Erstausgabe der Gedichte 1838 erhalten hat. In der Version des Romans gab es nur vier von den nachher fünf Teilen, das erste und zweite Gedicht waren in der Reihenfolge umgekehrt und alle Teile waren mit Überschriften versehen. Später ist das Sonett am Ende hinzugekommen und anstelle der einzelnen Überschriften gliedern römische Ziffern den Komplex. Wir halten uns an die Fassung von 1838.

Aus dieser kleinen Werkgeschichte wird bereits erkennbar: die Gedichte erinnern an Mörikes Begegnungen mit Maria Meyer, aber sie beschreiben diese nicht. Sie bilden nicht ab, was geschehen ist, sondern bilden aus, was da angestoßen wurde. Sie sind eben Poesie und nicht Protokoll. Das ehemals mit der Geliebten Erlebte gewinnt in der rückschauenden Erinnerung eine neue Gestalt – und nur so im schmerzhaften Fluss des Vergänglichen, nie Wiederkehrenden einen bleibenden Wert.

Peregrina, die Wandernde, die Vagantin, ist darum Maria Meyer und ist es nicht. Es sind *ihre* »treuen, braunen Augen« (I), die der Dichter erinnert, es ist *ihre* »hohe Stirn« und *ihr* »Wan-

derbündel«, und *sie* ist das »schlanke, zauberhafte Mädchen«
(III). Aber näher besehen ist sie es auch wieder nicht.
Eine »Braut« (II) war sie ihm gerade nicht und die Brautnacht gibt
nicht unmittelbar Erlebtes wieder, sondern träumt den Augenblick erfüllter Liebe.

So sind die PEREGRINA-Gedichte in ihrer Substanz nicht ein-
fach Liebesgedichte der Art, dass sie das Glück der Liebe preisen
und Gesänge zu Ehren und zur Verherrlichung der geliebten
Person darstellen. Tatsächlich sind sie eher so etwas wie lyrische
Meditationen über das Geheimnis der Liebe, über ihre tiefe
Selbstwidersprüchlichkeit, die ebenso beglückend wie nieder-
schmetternd, zärtlich und grausam, belebend und tödlich wirken
kann. Diese Spannung bestimmt die ganze Atmosphäre in den
PEREGRINA-Gedichten und verleiht ihnen einen melancholischen
Zug. Das ist konkret festzumachen etwa in der Folge vom Schluss
des ersten Gedichts:

Reichst lächelnd mir den Tod im Kelch der Sünden!

und dem anschließenden Beginn des zweiten:

Aufgeschmückt ist der Freudensaal ...

Der Auftakt zum Genuss der Liebe hat die Wahrnehmung eines
damit zugleich gereichten Todeskelches ganz nahe bei sich. Mit
dem Motiv des Todeskelchs stellen sich Assoziationen an Sokrates
ein, aber auch an Jesus, der in Gethsemane darum bittet, der
Kelch des Todes möge an ihm vorübergehen. Zur Liebe gehört die
Passion und ohne Offenheit für die Passion gibt es keinen Zugang
zur Liebe. Dies ist Mörikes Botschaft in den Gedichten. Sie lässt
sich an anderen Details weiter illustrieren: im Hochzeitszug geht
die Braut »schwarz gekleidet« (II), nicht weiß, sondern eben in der
Farbe der Trauer und des Todes. Ihr Bild ist nicht einfach schön,
sondern ein »Bildnis mitleid-schöner Qual«, und im Sonett am

Schluss ist sie »am Pfahl gebunden«, »Mit Tränen netzet sie der Füße Wunden«. Sie – das ist jetzt auch nicht mehr die geliebte Person in ihrer leibhaftigen Wirklichkeit, sondern es ist (und so beginnt das Sonett mit Betonung) die »Liebe« selbst, gleichsam die Liebe in Person. Um sie und ihr Geheimnis, ihr widersprüchliches Wesen, kreisen die Bilder der Peregrina-Gedichte.

Ihr Grundwiderspruch, der ihrem innersten Wesen eigentümlich ist und nicht nur zufällig in verunglückten Liebesgeschichten sich einstellt, ist letzten Endes der Widerspruch von Leben und Tod, die beide untrennbar zusammengehören. Darum ist Seligkeit in der Liebe ebenso wie das Grauen, Verzauberung und Furcht, Lebenslust und Todesahnung. Mit dieser Polarität hat die Liebe Anteil an der Wirklichkeit des *Heiligen*, und Mörike spricht nicht von ungefähr selbst von der »heiligen Liebe«. Kennzeichen des Heiligen ist aber nach Rudolf Otto, dass es den Menschen als Mysterium trifft, und zwar genau in der Polarität, die Mörike der Liebe zumisst: als mysterium fascinosum, also begeisternd, hinreißend; und als mysterium tremendum, furchterregend und schrecklich. In der Weise des Heiligen erhebt die Liebe und schlägt zu Boden, vereinigt sie und trennt auch wieder.

Die Vereinigungskraft der Liebe hat eine erotische und eine mystische Komponente, wenn nicht ohnehin im Eros immer etwas Mystisches und im Mystischen eine erotische Energie enthalten ist. Hochzeit und Brautnacht im zweiten Peregrina-Gedicht markieren den Erfüllungsmoment erlebter Liebe in der Vereinigung der Geliebten sehr nachdrücklich. Aber es handelt sich dabei eben nicht nur um den Augenblick erotischer Seligkeit, gar sexueller Befriedigung, sondern um das erotisch-mystische Vereinigungserlebnis. In der Vereinigung mit dem anderen geschieht Vereinigung mit dem Leben, dem Sein selbst. Das hat geistes- und kulturgeschichtliche Verbindungslinien bis in die deutsche

Mystik des Hohen Mittelalters, die im Gewand der »Brautmystik« ja ohne weiteres erotisches Bildmaterial aus der höfischen Minnelyrik übernehmen konnte, um damit zugleich mehr und anderes zum Ausdruck zu bringen: nämlich den Vorgang einer inneren Vereinigung des zeitlichen Menschen mit dem ewigen Gott, Brautnacht der Seele mit dem geliebten Christus. Liebe ist da nicht eines unter anderem, sondern Ein und Alles: Hen kai pan, Ein und Alles – so stand es, von Waiblingers Hand programmatisch hingemalt, an der Wand von Pressels Gartenhaus. Aber wo die Liebe zum Ein und Alles wird, da wird im Verlust der Liebe alles zu nichts. Der Betrug ist es, die erlebte Treulosigkeit, die in der Liebe den Schmerz anwesend sein lässt und den Tod. Die dunkle Ahnung davon schlägt unvermittelt um in die erlittene Gegenwart, und Mörike macht es fest an der Erfahrung mit der Peregrina, der Vagantin, die ihm nahe kommt und ihn doch wieder verlässt. Der tötende Betrug in der Liebe wird genauso oder stärker noch im Nolten, ausdrücklich der Betrug Noltens an seiner Agnes, der Betrug Noltens an der Gräfin Konstanze, der Betrug Larkens an Agnes und an Nolten – und alles nicht aus niedrigen Beweggründen, sondern gerade in der Konsequenz der Liebe! Insofern ist der »Betrug« in Mörikes Sinne kein bloßer Akt moralischer Verfehlung, sondern eigentümlich transmoralisch ein dunkles Wesensgesetz der Liebe selbst. Es kommt deutlich zur Sprache in den ersten Zeilen des dritten Peregrina-Gedichtes:

Ein Irrsal kam in die Mondscheingärten
Einer einst heiligen Liebe.
Schaudernd entdeckt' ich verjährten Betrug ...

Da ist der Betrug, der die Liebe vom Alles zum Nichts werden lässt, und da ist das »Irrsal«. Dieses Irrsal ist keine menschliche Person und auch kein moralisches Prinzip. Es ist nicht hinterfragbare, schicksalhafte Macht. Es kommt herein in die Mondscheingärten heiliger Liebe, wie der Sündenfall in die harmonische Einheit des Paradieses hereinkommt, unvermittelt und unvermeidlich zugleich. Zurück bleibt die Erinnerung, die die Schwermut des Verlustes in sich trägt, aber auch allein festzuhalten und immer neu zu vergegenwärtigen vermag, was im realen Erleben nicht festgehalten werden kann.

Wir sind in der bisherigen Betrachtung bereits darauf gestoßen, dass Mörikes lyrische Meditationen über die Liebe in den PEREGRINA-Gedichten religiöse Anspielungen enthalten. Das wird besonders augenfällig im Sonett am Ende, das mit der Strophe beginnt:

> Die Liebe, sagt man, steht am Pfahl gebunden,
> Geht endlich arm, zerrüttet, unbeschuht;
> Dies edle Haupt hat nicht mehr, wo es ruht,
> Mit Tränen netzet sie der Füße Wunden.

Da changiert die Erinnerung an die unstet wandernde Peregrina kaum merklich hinüber in die Erinnerung an den Christus, der keinen Platz fand, sein Haupt hinzulegen (Mt 8,20), und dessen der Marter ausgesetzte Füße von der liebenden Sünderin mit Tränen benetzt werden (Lk 7,37 f.). Er ist es, der arm geht und »am Pfahl gebunden« endet. Er ist die »Liebe«, die im Gedicht das grammatische Subjekt darstellt, und die Liebe gewinnt irdisch-menschliche Gestalt in seiner Person und in seinen Zügen. Das ist an dieser Stelle im PEREGRINA-Zyklus noch nicht die Lösung des spannungsvollen Dilemmas aus Liebe und Leiden, Versprechen und Betrug, Vereinigung und Trennung, Leben und Tod. Christus erscheint hier nur als assoziativ erinnertes Sinnbild dieser Spannung selbst, nicht als deren Gestalt gewordene Überwindung.

In diese Richtung weist erst ein späteres und nun in der Tat tief religiöses Gedicht: NEUE LIEBE, geschrieben im Jahr 1846.

Hier steht die Frage nach der Möglichkeit einer völligen und vor allem beständigen Vereinigung in der Liebe am Anfang:

> Kann auch ein Mensch des andern auf der Erde
> Ganz, wie er möchte, sein?
> – In langer Nacht bedacht ich mir's und musste sagen,
> nein!

Die erotisch-mystische Liebesvereinigung kann niemals vollkommen und damit ewig sein. So sagt die menschliche Erfahrung von Menschen und über zwischenmenschliche Beziehungen. Und so lautet auch das Fazit aus den PEREGRINA-Gedichten. Aber jetzt findet Mörike einen entscheidenden und im Gedicht nach eigenem Bekunden überraschenden (»hell in mir aufzückt ein Freudenschein«) Schritt weiter:

> Sollt' ich mit Gott nicht können sein,
> So wie ich möchte, Mein und Dein?

Um dann zu schließen:

> Mich wundert, dass es mir ein Wunder wollte sein,
> Gott selbst zu eigen haben auf der Erde!

Das Geheimnis der Liebe: es war im PEREGRINA-Zyklus das Geheimnis des Heiligen, mit der ganzen schweren Polarität aus Faszination und Grauen, Leben und Tod. Jetzt ist es das Geheimnis Gottes, der sich selbst in der Liebe gibt und als der ewige Gott zu solcher Hingabe in Liebe steht und sie damit dauerhaft verspricht.

Eine weitere tiefe Erschütterung neben der durch Maria Meyer traf Mörike in seiner Tübinger Studentenzeit, und zwar durch den völlig unvorhergesehenen Tod des jüngeren Bruders August am 25. August 1824. August darf als sein Lieblingsbruder gelten, der ihm in mancher Beziehung, namentlich in seiner Nähe zur Kunst, recht ähnlich war: »herrlich blühend an Leib und Seele, mit ungemeinen Gaben ausgestattet«, beschreibt Mörike ihn in seiner Cleversulzbacher Biographie. Wenige Tage vor seinem Tod hatten beide noch gemeinsam mit der Schwester Luise eine Aufführung des »Don Giovanni« im Stuttgarter Hoftheater besucht, und dieses begeisternde Musikerlebnis hat sich in Mörikes Erinnerung auch deshalb so nachhaltig festgesetzt, weil es zeitlich und in einem dunklen Sinne auch sachlich für ihn mit dem Tod des Bruders verbunden blieb. Das hat Spuren hinterlassen bis in die spät entstandene Mozart-Novelle, die denn auch final auf die Präsentation der Oper und die Präfiguration des nahen Todes Mozarts hinausläuft.

Liebe und Leiden also auch hier, gleichfalls noch im Jahre 1824, aber in der plötzlichen, schmerzlichen Erfahrung tödlich getroffener Geschwisterliebe. »August, mein Bruder, ist gestern früh an einem Nervenschlag plötzlich gestorben. – O Ihr glaubet nicht, wie fürchterlich alles geworden ist! Morgen früh wird er begraben. Jetzt kommt mir vor, als wär ich nur um seinetwillen auf diese Welt gekommen und müsse auch fort mit ihm. Gar, gar nichts mehr weiß ich, das mich ferner freuen kann«, schreibt Mörike unter dem ersten Eindruck des Schrecklichen am 26. August. Und ein paar Tage später, am 1. September: »Es war niemand auf Erden, den ich so lieben, den ich so lauter, so ganz zu jeder Zeit in den Arm nehmen konnte wie ihn.«

Über die Umstände des Todesfalls ist viel gerätselt worden. Suizid war bei einem gewissen Hang zum Depressiven, der von einem Ungenügen an den eigenen künstlerischen Erfolgsaussichten genährt wurde, jedenfalls nicht auszuschließen. Zumal der junge Mann als Apothekengehilfe tätig gewesen und tot in der Ludwigsburger Apotheke aufgefunden worden war. Aber Genaues weiß man nicht. Mörike lässt in dieser Beziehung keine Bemerkung fallen, mit dem »Nervenschlag« nennt er die offizielle Version des Unglücks.

Und wie er seinen Verlustschmerz um die mysteriöse Maria Meyer poetisch verarbeitete, so hat er seine Trauer um den verstorbenen Bruder im Grunde ebenfalls, wenn auch viele Jahre später, in einem seiner schönsten Gedichte zugleich verewigt und zu Ende gebracht: AN EINE ÄOLSHARFE, 1837 in Cleversulzbach entstanden. Äolsharfen erwähnt Mörike häufiger, Kerner hatte eine in seinem Weinsberger Garten, und Mörike bedenkt sie in den ersten Zeilen seines Gedichts über die melodische Gartentür in Cleversulzbach ACH NUR EINMAL NOCH IM LEBEN. Das empfindliche Instrument, das sich vom Wind spielen lässt und langgezogene, wehmütig klingende Tonfolgen von sich gibt, war ihm wie geschaffen als musisches Symbol für die Augenblicke empfundener Trauer und nach Ausdruck verlangender Klage:

> … Ihr kommet, Winde, fern herüber,
> Ach! von des Knaben,
> Der mir so lieb war,
> Frisch grünendem Hügel.
> Und Frühlingsblüten unterweges streifend,
> Übersättigt mit Wohlgerüchen,
> Wie süß bedrängt ihr dies Herz!
> Und säuselt her in die Saiten,
> Angezogen von wohllautender Wehmut,
> Wachsend im Zug meiner Sehnsucht,
> Und hinsterbend wieder …

Dazu stimmt das lateinische Horaz-Zitat, das Mörike dem Gedicht als Motto vorangestellt hat: »Tu semper urges flebilibus modis …« (Du trauerst endlos durch Melodien des Grams …).

Stationen im Vikariat
(1826–1834)

VON OBERBOIHINGEN BIS PLATTENHARDT
(1826–1829)

Das theologische Examen in Tübingen hat Mörike bestanden. Nicht berauschend, aber immerhin. Im Zeugnis dominiert das vielsagende Wörtchen »mediocer«, mittelmäßig. Studium theologicum mediocri cum successu absolvit; das theologische Studium hat er mit mittelmäßigem Erfolg absolviert. Und: Orationem sacram mediocriter dispositam …; eine mittelmäßig disponierte Predigt … Kein Zeugnis, um Ehre in Angelegenheiten der Theologie einzulegen. Aber danach hat ihn auch nicht verlangt. Er hat ziemlich am Ende seiner Promotion abgeschnitten im Oktober 1826, aber es hat gereicht. Ihm gereicht. Jetzt kam das Neue. Es war von ihm nicht ersehnt, sondern erst einmal gefürchtet: das Vikariat. Es war der verordnete Weg, nicht der erträumte.

Man hat Mörikes Verhältnis zu Vikariat und Pfarramt oft einseitig negativ gezeichnet. Das Stichwort von der »Vikariatsknechtschaft« wird dabei fleißig zitiert, ebenso der Verzweiflungsruf: »Alles, nur kein Geistlicher!«, als handle es sich dabei um das Konzentrat seiner inneren Einstellung überhaupt und nicht um einen Gefühlsausbruch in momentanen beruflichen Kalamitäten. Dass dieser Ausbruch im Februar 1828 Johannes Mährlen gegenüber erfolgt, sagt auch schon etwas. Mährlen war nachdrücklich mit seinem Ausstieg aus dem Pfarrerberuf beschäftigt, bevor er richtig in ihn eingetreten war. Mörike konnte sicher sein, bei ihm für seine eigenen Frustrationen im Amt offene Ohren und ein teilnehmendes Herz zu finden. Und merkwürdig: der kräftigen Parole »Alles, nur kein Geistlicher!« folgt wenig später, nämlich am 20. Dezember 1828, wiederum an Mährlen gerichtet, die ebenso kräftige, aber sehr gegenteilige Parole: »Vivat Vicariat!« – Geht das zusammen?

Man muss berücksichtigen, wie verschieden die damaligen Umstände des Berufseinstiegs gegenüber den heutigen waren. Heute spricht man vom Vikariat als der zweiten Ausbildungsphase. Da wird in Kursen auf den praktischen Pfarrdienst vorbereitet, gibt es Schulungen und Mentorenbegleitung für den Unterricht, die Seelsorge, die Predigtarbeit. Eine zeitlich aufwendige und behutsame Einführung ins Pfarramt. Davon erfuhren Mörike und seine Berufskollegen rein gar nichts. Sie wussten etwas von Trinität und Zwei-Naturen-Lehre, selbst wenn solches Wissen eher »mediocer« ausfiel, konnten Altes und Neues Testament in den Ursprachen lesen und hatten Predigtübungen in der Laborsituation mitgemacht. Das war ihr Gepäck. Mit dem rückten sie an im Vikariat oder in der Pfarrverweserei (im ersten Fall existierte ein lokaler Pfarrer, im zweiten war man allein) und sollte nun kundig und verständlich das Evangelium unters Volk bringen, die Jugend religiös unterrichten, Beerdigungen halten, Taufen vollziehen, das Kirchenregister führen und dem Kirchenkonvent vorstehen, einer Art staatskirchlichem Sittengericht im Dorf, das die Anständigkeit der Bevölkerung zu kontrollieren und im Bedarfsfalle zu rügen oder zu strafen hatte. Viele sind das frisch und selbstbewusst angegangen und haben's geschafft, mehr oder weniger. Mörike hat es weitgehend nicht geschafft. Und es hat ihm zu schaffen gemacht, in den Anfangsjahren mehr und schmerzlicher als in den späteren.

Einen nicht geringen Anteil an diesen Schwierigkeiten im Pfarramtsalltag hatte Mörikes gesundheitliche Empfindlichkeit. Albrecht Goes hat ihn einen »Rekonvaleszenten auf Lebenszeit« genannt. Abgesehen von den letzten Lebensjahren war er eigentlich nie völlig krank, aber auch nie richtig gesund. Eine Sehkraftschwäche hing ihm von früher Jugend an, sie wuchs sich später zur starken Kurzsichtigkeit aus. Aber darüber klagt er nicht. Die Klagen betreffen Schmerzen, sie haben nach eigener Auskunft vom Dezember 1821 (damals schon!) rheumatische Ursachen, betreffen den Rücken, die Bandscheiben und lassen ihn oft nur im Liegen einigermaßen zurecht kommen. Dazu gehört (und ist vielleicht die Grundlage seines Krankheitsbildes), was er offen in zahllosen Briefen seine »Hypochondrie« nennt, Anteile von Krankheitseinbildung sowie das starke Moment einer körperlich-seelischen Disposition zum Kranksein, psychosomatische Anfälligkeit, verbunden mit Schwermutsstimmungen. Es machte, dass er unter äußerem Druck tatsächlich krank und bettlägerig werden konnte, wenn er sich entsprechend fühlte. Dann erzeugten an sich harmlose Umstände schwerwiegende Folgen. Dann konnte er als junger Mann das Klima auf der Ochsenwanger Albhöhe einfach nicht mehr ertragen und als älterer das Klima im Schwäbisch Haller Kochertal ebenfalls nicht. Dann brauchte er seine Ruhe und viel Abstand zu den Geschäften und Vertretungen im Amt und Urlaube und Kuren. Man hat ihm unterstellt, das alles sei weithin gespielt und vorgetäuscht gewesen, um sich mehr Freiheit für seine wirklichen Interessen zu verschaffen: ein Exodus in die Kränklichkeit, um im gelobten Land der Dichter einzutreffen! Ganz verkehrt ist das wohl nicht, aber es ist auch nicht richtig. Mörike war komplizierter, und auch sein Verhältnis zum Pfarrdienst und die Geschichte und die Geschichten seiner Krankheiten sind komplizierter. Er hat das nicht einfach so gespielt, er hat gelitten daran, und das schon in den Jahren des Vikariats.

Erste Station in der Vikariatslaufbahn war *Oberboihingen*, ein Neckarort zwischen Plochingen und dem näheren Nürtingen, wo seine Mutter inzwischen wohnte. Ein Dorf, den anderen schwäbischen Dörfern ähnlich, die er noch passieren sollte. In Oberboihingen traf es ihn hart und gänzlich unvorbereitet. Dem Ortspfarrer schreibt er achtzig Jahre zu, was eigentlich nur eine gefühlsmäßige Übertreibung sein konnte, um zu unterstreichen, dass »die ganze Flut von Geschäften« auf ihn kam. Im Haupt- und im Filialort. Es war die Woge, die ihn gleich überschwemmt und untergetaucht hat. Dass sie ihn nicht vollends fortspülte, bevor er überhaupt die Chance ergreifen konnte, auf dem kirchlichen Felde der Bewährung Tritt zu fassen, verhinderte die Einsicht des Stuttgarter Konsistoriums. Es war ihm nicht nur in diesem Fall durchaus freundlich gesonnen, entgegen anderweitigen Vermutungen sei's ausdrücklich vermerkt. Man zog ihn nach lediglich zwei Wochen des andauernden Schiffbruchs wieder ab und versetzte ihn Ende 1826 als Vikar nach *Möhringen* auf den Fildern, heute ein Stadtteil von Stuttgart. Aber damals war nichts Städtisches an Möhringen. Vom weitläufigen Pfarrgarten weiß Mörike zu berichten, der sich überdies zu einer großen Wiese geöffnet habe, ein Ambiente insgesamt, wo »man nur Dinge wie den Sommernachtstraum lesen« könne. Das kam dem Poeten in Vikarsdiensten sehr angenehm entgegen, und er muss es nach den Oberboihinger Tagen wie Urlaub im Amt empfunden haben. Von den Pfarramtsgeschäften fiel ihm so gut wie gar nichts zu, abgesehen von gelegentlichem Predigtdienst, weil es dem Ortspfarrer genügte, wenn der Herr Vikar dem Sohn im Hause Unterricht erteilte.

Mörike verschaffte das reichlich Zeit und gute Muße und er konnte sich einer speziellen Neigung hingeben, die für seine Natur kennzeichnend war und die er deshalb auch nie aufgegeben hat: der Freundschaft zu Tieren, namentlich zu Vögeln.

In Möhringen hielt er sich im Nebenkabinett seines Vikars-zimmers eine ganze »Vogelmenagerie«, und besonders hatte es ihm ein Star angetan, den er ausgiebig beobachten und mit dem er spielen konnte. »Du glaubst nicht«, schreibt er an Hartlaub, »was dieses Tier mein Freund geworden ist; ich träume oft von ihm und habe dann, immer als wär er in Lebensgefahr, schon viel um ihn geweint ... Ich hatte neulich – sehr pressiert – auf eine Predigt zu denken und musste ihn, so lieblich er sang, einsperren, damit er aufhöre; aber nun gings ganz hitzig mit Spitzbub! Dieb! Dieb! auf mich los. Ich sage Dir, dass seine komische Einfalt und herzige Naseweisheit mich oft zu Tränen rührt.«

Überschattet wurde die Möhringer Zeit vom Tod der älteren Schwester Luise am 31. März 1827. Mörike hat sie sehr geliebt und ihren Rat gesucht und gern beherzigt. Jetzt muss er lernen, um sie zu trauern: »Ich lebe in einem mir unbegreiflichen Zustand der Leerheit, gegen die ich mit aller Macht kämpfe«, schreibt er an Hartlaub. Zwei Tage vor Luises Tod berichtet er aus Nürtingen deren Freundin Lotte Späth, die Schwester habe, im vollen Bewusstsein ihres bevorstehenden Endes, von allen einen »rührenden und gar nicht wortarmen Abschied« genommen und – als tief gläubiger Mensch, der sie war – »nach ihrem eigenen Wunsch mit vieler Freude das heilige Abendmahl« genossen.

An dieselbe Lotte Späth wendet er sich nochmals in einem Schreiben nach Luises Tod, in dem er jene denkwürdige kleine Szene am Krankenbett erinnert, wo Luise ihn auf seinen Glauben ansprach: »Hast Du auch einen Glauben an den Heiland, Edu-ard? worauf ich leider nicht frischweg antworten konnte.«

Man deutet diese Äußerung gewöhnlich so, als liefere sie einen Beleg für Mörikes Vorbehalte oder wenigstens Unsicherheiten hinsichtlich des christlichen Glaubens. Vielleicht trifft das ja zu. Aber nicht notwendigerweise. Denn der Akzent liegt auf der Formulierung »leider nicht frischweg«. Das kann heißen: er fühlte sich befangen in dieser Szene. Betroffen von der Todesnähe und Todesbereitschaft der geliebten Schwester und ihrer Herzensoffenheit. In unklarer Schwebe zwischen seiner Rolle als junger Vikar und vertrauter Bruder. Dann konnte er *so* und *jetzt* nicht sagen, was sonst zu sagen ihm nicht unbedingt schwer gefallen sein muss. Dergleichen hat es unter Anfängern im Pfarramt tausendfach gegeben und es muss, selbst wenn es nach außen so erscheinen könnte, ganz und gar kein Ausweis für mangelnde Glaubensgewissheit sein. Dass Mörike diese kleine Szene erinnert und kurz nach Luises Tod deren Freundin geradezu beichtet, zeigt im Grunde weniger seine Betroffenheit über eigene Glaubenszweifel als über das seelsorgerliche Versagen, der sterbenskranken Schwester nicht so »frischweg« geantwortet zu haben, wie diese es wohl erhofft hatte.

Auf Möhringen folgte *Köngen,* wiederum für etwa ein halbes Jahr, von Mai bis Dezember 1827. Mit seinem Eintritt ins Berufsleben durfte der Möhringer Pfarrerssohn seinen Unterricht bei Vikar Mörike quittieren, und für den Jungtheologen gab es im Pfarrhaus keine rechte Verwendung mehr. Das war nun in Köngen wieder anders. Der dortige Ortspfarrer hatte in Stuttgart um Aushilfe nachgesucht und Mörike als Vikar zugeteilt bekommen, und dieser empfindet jetzt den Druck des Amtes erneut, nur länger anhaltend und darum quälender. Dabei hat er's mit Pfarrer Renz nicht einmal schlecht getroffen, einem »vorurteilsfreien, schonungsvollen Mann«. Und gar der Ort, die Menschen, die Gegend: »alles ein ganz ander und feiner Korn als in dem Möhringen«. Die Kirche auf ihrem Absatz über dem Tal gefällt ihm, die alte steinerne Brücke über den Neckar, der Blick in die Flussniederung und hinüber zur Alb – »eine große blaue Gebirgskette« – und zum hoch ragenden Neuffen. Außerdem ist er der Wohnung seiner Mutter in Nürtingen wieder näher gerückt.

Aber die Aufgaben! So übermäßig an Zahl und Gewicht dürften sie gar nicht einmal gewesen sein, aber ihr Charakter ist es, der Mörike in diesen Monaten zunehmend zu schaffen macht. Er verschickt Klagen und Klägliches darüber in alle Richtungen. Er ist wie ein ungebärdiges Fohlen, das man in einen Stall gesperrt und obendrein am Seil festgebunden hat und das nichts anderes im Sinn hat als rebellisch zu wiehern und mit den Hinterläufen andauernd gegen Tür und Wände zu poltern, die einfach nicht nachgeben wollen. So schreibt er bereits am 1. August 1827 an den Freund Friedrich Kauffmann:»Ich habe halbe Hoffnung, die geistliche Laufbahn auf längere oder kürzere Zeit zu verlassen.« Den Grund nennt er gleich mit. Es sind nicht die schweren, womöglich übermächtigen Amtspflichten, sondern der Wunsch ist es, der eine, unsäglich treibende, alles andere weit in den Schatten stellende Wunsch,»mehr meinem besseren Talent leben zu können«. Das bessere Talent, das ist natürlich die Kunst, ist die Poesie, das Schreiben von dem, was ganz aus dem Eigenen kommt. Der Pfarrdienst erscheint demgegenüber als das Fremde, das um solcher Fremdheit und zwangsläufigen Entfremdungsmacht willen ungeliebt ist. Mörike kann es wie folgt beschreiben:»Als Geistlicher, als Vikar besonders, ich meine, als junger Prediger, steht unsereiner unter ganz besonders lähmenden Gesangbucheinflüssen.« Das geistliche Amt verstellt ihm das geistige Milieu, nach dem er sich sehnt:»Ich möchte oft im eigentlichen Sinne des Worts hinaus, wo kein Loch ist.« Dabei tröstet er sich und andere halbwegs mit der Beteuerung,»keineswegs einen bleibenden Bruch mit den Kanzelfreuden im Sinne« zu haben, aber raus muss er erst einmal, egal wohin und wie, ob mit einer Freistellung durch ärztliches Attest oder durch eine vorübergehende Anstellung beim Verlag, in einer Redaktion, es gehen ihm vielerlei Fluchtwege durch den Kopf. Er wendet sich mit alledem an seine Freunde, auch an

Gustav Schwab, den er als einflussreichen Fürsprecher beim Konsistorium zu gewinnen hofft. Und manche verwenden sich tatsächlich für ihn.

Blumhardt, der Stiftsfreund, der in der Sache von Theologie und Pfarramt nun völlig anders dachte als Mörike in dieser Phase, hatte diesem bereits im Juli 1826 Bemerkenswertes mitgeteilt. Er wusste von Mörikes Nöten, sich auf sein kirchliches Berufsabenteuer einzulassen, das ihm die Flügel des Pegasus gehörig stutzen dürfte, und er hatte ihn nicht zu überreden versucht, bei der Stange zu bleiben. Vielmehr hatte er Verständnis signalisiert für eine Alternative, indem er schrieb: »Wahrhaftig, unnatürliche, mönchische Engherzigkeit, ja wohl Gotteslästerung wäre es, dich gewaltsam von dem, was dir Gott eingepflanzt hat, loszureißen, von deiner edlen Lebendigkeit dich zu öder Todesstille herabzuziehen ... Soll Gott dir die Liebe zur Poesie eingepflanzt haben, um dir dadurch reichen ästhetischen Genuss zu gewähren? Oder sollst du andern weiter nichts als diesen bereiten? O, glaube mir, alle Kräfte und Fähigkeiten können nur allein zur Verherrlichung Gottes dem Menschen gegeben sein ... Magst du also der Poesie noch so viel Zeit und Mühe schenken; wenn es der Sache Gottes wahrhaft gilt, so hast du erfüllt, was Gott von dir fordert.«

Das war eine klare und ernsthafte theologische Deutung des Weges, der vor Mörike liegen sollte, und wenn es auch nicht Mörikes eigene Deutung war, so hat er ihr doch nicht widersprochen. Er hat sie stehen lassen. Und er hat ebenfalls gern hingehen lassen, dass derselbe Blumhardt, dem das Pfarramt nun wirklich das Höchste war, im Oktober 1827 Mörike zuliebe den strengen Georgii aufgesucht hat, ihn umzustimmen. Georgii hielt nämlich fest an dem Vorsatz, dass sein Pflegling Mörike Pfarrer zu werden und zu bleiben habe. Zum angekündigten Besuch Blumhardts hatte Georgii sich mit den geistlichen Herren Prälat Abel und

Dekan Heermann Verstärkung besorgt, gänzlich unwillig zum Einlenken. Und diesen hohen Herrschaften stand nun Blumhardt gegenüber und argumentierte für Mörike und für dessen Chance zu leben, wozu er geboren sei. Wenn sich herausstelle, dass das kirchliche Amt seine offensichtliche Berufung zum dichterischen Schaffen nur hemme, müsse doch in eine andere Richtung geschaut werden. Dann stelle sich die Frage nach einem Brotberuf, der dem jungen Dichter ein wirtschaftliches Auskommen sichere. Und dann sei eine Bibliothekarsstelle zum Beispiel weitaus günstiger und auch angemessener als nun gerade das Pfarramt. Blumhardt schlug sich wacker, aber Georgii blieb unbeirrt, zunächst in schroffem Ton, nachher immerhin versöhnlicher dem treuen Bittsteller gegenüber.

Im Herbst schlug Mörikes seelische Anspannung in körperliche Krankheitserscheinungen um. Es ging ihm schlechter. Im November wurde ihm dann, gestützt auf ein ärztliches Gutachten, eine zweimonatige Beurlaubung bewilligt. Durch Verlängerungen dehnte sie sich über ein Jahr aus.

Das Vikariatszeugnis zum Abschied aus dem Köngener Dienst liest sich im Zusammenhang all dieser Turbulenzen erstaunlich gut: »Hat sehr glückliche Geistesgaben und Anlagen, vorzugsweise für die Dichtkunst; studiert fleissig, predigt gut und bemüht sich, seinen Vortrag, den er aus dem Gedächtnis hält, immer mehr der Fassungskraft des Landvolks anzupassen … Die Gemeinde ist mit ihm zufrieden.« – Mörike selbst war nun auch zufrieden, die Gemeinde erst einmal hinter sich zu haben.

Das macht ihn auch äußerlich für einen kleinen Zeitraum beweglicher. Die Mutter wird in Nürtingen besucht und Bruder Karl in seinem Amtssitz Scheer, nahe Sigmaringen an der Donau. Bei dem hält er es ein paar Monate aus, zumal er mit Josephine, einer Dorfschönheit aus katholischem Hause, ein kleines amouröses Intermezzo anzettelt. Nichts Ernstes und von irgendwelchen Schicksalsschatten der Liebe Belegtes, eine Sommer-romanze eben. Ihr verdanken wir einige schöne Gedichte: das mit JOSEPHINE überschriebene, das die hübsche Sängerin mit ihrer klangvollen Stimme bei der Feier des Hochamts besingt. Dazu FRAGE UND ANTWORT, LIEBESVORZEICHEN, ein buchstäblich feuriges Liebeslied, und NIMMERSATTE LIEBE, das nicht gerade typisch für Mörike mit einem Schuss erotischer Frivolität aus-gestattet, aber dabei auch augenzwinkernd vergnügt ist, so, wie es beginnt:

> So ist die Lieb'! So ist die Lieb'!
> Mit Küssen nicht zu stillen:
> Wer ist der Tor und will ein Sieb
> Mit eitel Wasser füllen?

Und so, wie es endet:

> So ist die Lieb'! und war auch so,
> Wie lang es Liebe gibt,
> Und anders war Herr Salomo,
> Der Weise, nicht verliebt.

Weiter reiste Mörike nach Buchau an den Federsee zu einem dort ansässigen Vetter und mit dem reisebeschäftigten Onkel Johann Gottlieb Mörike, der den markanten Titel eines Obertribunal-prokurators zu Stuttgart führte (»Onkel Prokurator«), sozusagen als begleitender Assistent nach München. Von der Stadt selbst bekommt er nicht allzu viel mit, aber Pläne fangen an zu gären in ihm, weil ihm »das unangebaute Feld in München hinsichtlich der Zeitungs- und Journalkultur für Kunst und ästhetische Unterhaltung« ins Auge sticht. Ein Periodicum schwebt ihm vor, das »eine fortlaufende Reihe von Novellen, Künstlerkritiken und (aber ohne Gehässigkeit) auch selbst Personelles, Anekdoten usw.« bieten könnte, und er zögert nicht, Freund Mährlen, den ebenfalls Fahnenflüchtigen, für diese

Ludwig Uhland,
Photographie von Friedrich Brandseph

Gelegenheit zu erwärmen. Natürlich wurde nichts daraus, wie aus manch anderen Flausen auch in dieser Sturm-und-Drang-Periode, und glücklicherweise wurde nichts aus der dahinter stehenden allgemeinen Versuchung, den Kirchenrock überhaupt, Mährlens Vorbild folgend, an den berühmten Nagel zu hängen. Am Eifer, sich als frei schaffender Künstler irgendwo zu etablieren, hat es nicht gefehlt, an Unterstützern gleichfalls nicht, Schwab und Uhland seien erwähnt. Aber auch die Warner ließen sich vernehmen, allen voran der Orplid-Miterfinder Ludwig Bauer, der sich entsetzt zeigte zu hören, Mörike wolle das geistliche Amt zugunsten eines Lektoratspostens bei Cotta aufgeben: »Willst du dich mit Gewalt ärger einsperren lassen, als man einen Stiftler einsperrt? Unter Cotta's argwöhnischen Augen willst du fröhnen? Er wird … dich als seinen Knecht behandeln.«

Das war vernünftig gedacht und in der Argumentation prächtig gezielt. Denn vor nichts grauste es Mörike mehr als vor irgendeiner Knechtschaft. In diesem Fall lief es günstig. Der Peinlichkeit, einer ersten Knechtschaft entschlüpft zu sein, um in eine zweite blindlings hineinzustolpern, wurde er durch Cotta selbst enthoben: aus der Verlagsstelle wurde nichts.

Stattdessen ließ Mörike sich von einem anderen Verlag ködern, dem noch jungen und ehrgeizigen der Brüder Frankh in Stuttgart. Der gab eine sogenannte DAMENZEITUNG heraus und bot Mörike an, gegen ein mäßiges Honorar pünktlich Erzählungen für dieses Blatt und diesen Leserkreis in die Redaktionsstuben zu bringen. Es wurde zum Missgriff und Reinfall für beide Seiten. Aber für Mörike wurde daraus auch eine, sein ganzes weitere Leben bestimmende Stunde der Ernüchterung und der Wahrheit. Denn er merkte bald, was wirklich überraschend gar nicht sein konnte: regelmäßige, geschuldete Erzählleistungen für das Unterhaltungsniveau einer mittelmäßigen Damenzeitung – das entsprach nun in gar keiner Weise seinem inneren Programm. Dem Freund Ludwig Bauer, der ihn geradezu beschworen hatte, seinen übereilten Ausstiegsunfug zu lassen, teilt er am 9. Dezember 1828 mit:»Die erste Wurst aber, so ich von dem Geld aß, schmeckte mir schon nicht recht, und eh vierzehn Tage vergingen, hatt ich das Grimmen, als läge mir Gift im Leibe und so fort.« Diese»Zeitungsschreiberei« sei tatsächlich noch ärger als es das Predigtmachen jemals zuvor war. Und dann folgt die einsichtsvolle Briefstelle, die im Zusammenhang zitiert werden muss, weil sie Mörikes inneres Anliegen ebenso wie dessen äußere Verhinderung kristallklar offenbart:»Das, was ungefähr von Poesie in mir steckt, kann ich nicht so tagelöhnermäßig zu Kauf bringen. Ich bin, wenn ich mich zu so einer Arbeit hinsetze, auch schlechterdings nicht im stande, tief aus der Seele einen Anlauf zu nehmen, einen freien, unbefangenen Zug der Begeisterung zu bekommen, wie es doch sonst bei mir ist oder war, wenn ich für mich oder gleichsam für gar niemand etwas unternahm. Gleich verkleinert und schwächt sich alles, was eben noch frisch in mir aufsteigen wollte, von dem Augenblick an, wo ich fühle, dass ich's für die Zeitung machen soll, und dass man auf mich wartet.«

Diese Bemerkungen enthüllen, was Mörike angesichts seiner Sehnsucht nach Freiraum zum Poetischen im Kern widerstrebt. Es ist nicht das geistliche Amt als solches, nicht der Pfarrdienst in seiner konkreten Gestalt. Es ist viel grundsätzlicher das Verpflichtende überhaupt. Das, was »tagelöhnermäßig« zu erbringen ist und was von außen und von andern als Produkt von ihm erwartet wird. Das Arrangement mit der DAMENZEITUNG hat ihm selber die Augen geöffnet dafür, dass es nicht die bestimmte Prägung der pfarramtlichen Aufgaben war, sondern der allgemeine Faktor eines einengenden und Talente knebelnden Dienstverhältnisses ist, worunter er leidet. Darum war der Auszug aus dem Vikariat kein Schritt in die Freiheit und konnte es, da so oder so der Lebensunterhalt weiter zu verdienen war, nicht sein.

Was Mörike darum am 20. Dezember 1828 an Mährlen schreibt, ist die Mitteilung einer reumütigen Revision, die allerdings ihre volle innere Konsequenz hat. »Ich bin die letzten Wochen her fast krepiert vor Ekel an der Sache« mit dem Frankh-Verlag, resümiert er sein gescheitertes Experiment, um weiter festzustellen: »Waren wir nicht Narren, Herr Kollega, uns so an der lieben Mutter Kirche zu ärgern? Ärgerten uns an ein paar Kleinigkeiten und ließen die schönsten Vorteile darüber zum Henker gehen … Wie Schuppen fiels mir von den Augen, dass ich alle jene Pläne, die mein ganzes Herz erfüllen, auf keinem Fleck der Welt (wie nun eben die Welt ist!) sicherer und lustiger verfolgen kann, als in der Dachstube eines württembergischen Pfarrhauses. Mich soll gleich der Teufel holen, wenn das mein

Ernst nicht ist.« Und dann am Ende des Briefs, mit Ausrufungszeichen: »Vivat Vicariat!«

Man darf nicht übersehen: aus dem Lamento über die Zwänge im Pfarramt ist jetzt keine Begeisterung für die Sache des Pfarramts geworden. Was Mörike sich wünscht, bleibt nach wie vor das Eigene. Und das heißt Dichtung. Aber der totale Widerspruch zum geistlichen Amt, das dieser Neigung und Begabung nur abträglich sein könne, hat sich aufgelöst. Eine Versöhnung zwischen dieser äußeren Aufgabe und seiner inneren Liebe zur Kunst scheint erreichbar. Eine Versöhnung freilich im geregelten Nebeneinander beider Teile, nicht in ihrer gegenseitigen Durchdringung. Letzteres hat Mörike – leider – nie versucht und deshalb auch nie zustande gebracht.

Zurückgekehrt in den Schoß seiner Kirche, auf Predigtkanzel und Unterrichtskatheder, ist Mörike als Pfarrverweser von *Pflummern*. Ein kleines evangelisches Nest im Oberland, in ziemlich geschlossen katholischem Gebiet, tiefste Diaspora, nicht weniger als 24 evangelische Kleinstfilialen zählen dazu, einschließlich Zwiefalten. Aber Mörike ist glücklich, wie ein Heimgekehrter von der Irrfahrt. »Die Gegend ist schön«, schreibt er an Mährlen, »das Dorf liegt in einem Tal, vorn mit der weiten Aussicht auf das große Donautal, den sehr benachbarten Bussen (Berg mit Ruinen und Kapelle), das Pfarrhaus ganz isoliert, sonnig, sommerlich, zwischen Gärten.« Wohlan! Aber Unbeständigkeit bleibt sein Los, im Februar 1829 ist er aufgezogen in Pflummern, im Mai schon zieht er wieder ab. Nächste Station: *Plattenhardt*.

So ging das mit den ledigen Vikaren, den Unständigen, sie wurden als Springer eingesetzt, wo Not am Mann war, und die fälligen Umzüge machten keine großen Umstände, weil eigener Hausrat so gut wie nicht vorhanden war. In Plattenhardt wurde eine geistliche Aushilfe benötigt, da der dortige Stelleninhaber

Gottlieb Friedrich Rau im Februar 1829 verstorben war. Also wurde Mörike Pfarrverweser in dem Filderort nahe Echterdingen. Am 19. Mai fängt er dort an, am 14. August ist er bereits verlobt. Die Wohnung bei der verwitweten Pfarrfrau mit ihren drei Töchtern brachte es mit sich, dass der Vikar sich sehr schnell verliebte, und zwar in die mittlere des Kleeblatts, Luise Rau. Mörike beschreibt sie als ein »einfaches, heilig unschuldiges Wesen, ... verständig, vorsichtig« und, das immerhin auch schon, »im Affekt sogar überbrausend«. Ludwig Bauer, der Freund, zeigt sich demgegenüber viel enthusiastischer, nachdem er sie kennen gelernt hatte: »ein bildschönes, hingebendes, liebeatmendes, seelengutes Geschöpf«.

Jetzt schien der unstete, durch eigenen Antrieb und durch die beruflichen Gepflogenheiten arg Herumgeschobene endlich zur Ruhe zu kommen. In der Gartenlaube des Plattenhardter Pfarrhauses und in der Nähe einer jungen, reizenden und seine Liebe zweifellos voll erwidernden Frau.

Aus seinen Briefen, die man zu den schönsten Liebesbriefen der deutschen Literatur zählt, geht hervor, wie sehr seine Beziehung zu Luise Rau für ihn das geistige und emotionale Zentrum dieser Zeit gewesen ist. Ein Sehnen lebt darin nach den Stunden des Zusammenseins und des Austauschs und ein ständiges Lauschen auf die eigenen Herztöne, die in der Liebe leise, aber bedeutsam anklingen, wie ein Windhauch die Saiten der empfindlichen Äolsharfe zum Klingen bringt. Mörike liebt und er horcht und entdeckt und artikuliert zugleich, was die Liebe ist und welche Gefühle sie in ihm erweckt, und selbst wenn Benno von Wieses Diktum: »Im Grunde hat er immer nur die Liebe, aber nicht einen Menschen geliebt« allzu pointiert ausgefallen sein mag, so trifft es doch eine Tendenz. Liebe gibt es nicht an sich, gerade für Mörike nicht, sie wird nur so gegenwärtig, dass sie sich in irdischen Gestalten vermittelt. Aber diese Gestalten sind dann doch eher Medien, in denen die größere Wirklichkeit der Liebe erscheint, als dass sie vollkommene Träger der Liebe wären:

> Wenn ich, von deinem Anschaun tief gestillt,
> Mich stumm an deinem heil'gen Wert vergnüge,
> Dann hör'ich recht die leisen Atemzüge
> Des Engels, welcher sich in dir verhüllt ...
>
> (An die Geliebte, 1830)

Dies kann dazu führen, dass die geliebte Person mit einer Aura des Wunderbaren umgeben wird, die stark idealisiert und genau auf diese Weise Gefahr läuft, den Zumutungen und sicher auch Banalitäten des alltäglichen Zusammenseins nicht gewachsen zu sein. Auf der anderen Seite: kann Dichter-Liebe anders sein als so, wie Mörike sie erlebt und in vielen bewegenden Briefen zum Ausdruck gebracht hat? Der Alltag mit seinen Pflichten war seine Domäne ohnehin nicht; wie hätte er denn und warum seine herzliche Liebe zu Luise Rau ins Alltägliche ziehen sollen? Er hat sie lieber, ihm weitaus angemessener, in den Himmel gehoben.

Die Pfarrfamilie Rau hatte noch einige Monate Wohnrecht erhalten in Plattenhardt, dann verzog sie nach Grötzingen ins Aichtal, und die vakante Pfarrstelle stand zur Wiederbesetzung an. Allerdings nicht für den Pfarrverweser Eduard Mörike. Der wurde anderwärts gebraucht und eingesetzt, wieder und noch einmal im unständigen Dienst. Jetzt ging es nach *Owen* im Kirchenbezirk Kirchheim/Teck.

Von Owen bis Ötlingen
(1830–1834)

Der Ort Owen (sprich: Auen) ist in Mörikes Vikariatsjahren zweimal zu notieren. Die längere, für ihn zweifellos auch wichtigere Phase fiel in die Zeit zwischen Dezember 1829 und Mai 1831. Die kürzere, in der Rolle des Pfarrverwesers, von März bis Ende April 1834, war nicht mehr als ein Zwischenaufenthalt vor dem Einzug ins Cleversulzbacher Pfarrhaus.

Die Atmosphäre in Owen hat ihm zugesagt. Das Pfarrhaus, dem er »noch ziemlich das Ansehen eines Schlösschens« bescheinigt, und der Stadtpfarrer Brotbeck selber, »mein Herr Prinzipal«, stimmen ihn von Anfang an freundlich auf den Ort und seine Aufgabe ein. Überlastung droht nicht, Gottesdienste am Sonntag, Kinderlehre, das ist der Standard. So bleibt Zeit genug, am NOLTEN zu arbeiten, entscheidende Partien des Romans sind hier im Owener Vikariat entstanden, und im Mai 1831 wird der Verlagsvertrag mit Schweizerbart in Stuttgart abgeschlossen. Auch Begegnungen mit der Verlobten haben hinreichend Raum, dazu reges Briefeschreiben, insbesondere an sie, das werden ausführliche, die Liebe feiernde, aber zugleich allerlei Erlebtes und Gelesenes mitteilende Briefe.

Erwähnenswert ist sein positives Verhältnis zu Georg Christoph Lichtenberg (1742–1799), der vor allem durch seine satirischen Aphorismen bekannt war, laut Onkel Georgii ein »witziger Kopf und weiter nichts«. Das sah Mörike anders und zeigte sich sogar von Lichtenbergs Religiosität beeindruckt. In einem Brief an Luise zitiert er den alten Spötter mit einer für ihn scheinbar untypischen Betrachtung. Sie widmet sich nämlich dem 90. Psalm (»ehe denn die Berge wurden ...«) und reflektiert den sehr verschiedenen Eindruck, den eine Rezitation dieser Psalmworte in einem privaten Zimmer oder in Westminster Abbey hinterlasse: »Ich habe sie hier und dort ausgesprochen, in meinem Schlafgemach haben sie mich oft erbaut, ich habe sie von Kindheit an nie ohne Rührung gebetet, aber hier (in der Halle von Westminster) durchlief mich ein unbeschreibliches, doch angenehmes Grauen; ich fühlte die Gegenwart des Richters, dem ich auf den Flügeln der Morgenröte selbst nicht zu entrinnen vermöchte, mit Tränen weder der Freude noch des Schmerzes, sondern mit Tränen des unbeschreiblichen Vertrauens auf ihn.«

Auch das ist Lichtenberg, und Mörike greift es auf, nicht als Kuriosität, sondern im persönlichen Einverständnis. Die Mühe mit der Aufgabe des Predigens resultiert bei ihm keineswegs aus einem mangelhaften Vermögen, religiöse Erfahrungen von der Qualität zu machen, wie Lichtenberg sie beschrieben hat. Nur: das Innere und das Äußere; das Religiöse und das Ästhetische müssen zueinander stimmen. Das Gefühl »unbeschreiblichen Vertrauens« ist nicht jederzeit und überall vorhanden; es kann sich jedoch einstellen, wenn der Raum stimmt, in dem man sich bewegt und wo eine Erinnerung wie das große Psalmwort lebendig zu werden vermag. Für Lichtenberg vermochte die Halle von Westminster Abbey zu so einem Raum zu werden. Bei Mörike ist es seltener eine Kirche, häufiger eine Landschaft. In Owen fand er beides.

Die eindrucksvolle Kirche beschreibt er liebevoll: »im Innern von ungewöhnlich edler Bauart«, mit zwei Reihen hoher runder Säulen und gotischem Chor. Dazu »ein altdeutsches Gemälde mit vergoldetem Grund und gemalten Flügeltüren«, eine Beweinung Christi, »sicherlich von seltnem Werte«, wie Mörike mit Recht urteilt. Und dann: »bei einer der Nebenfiguren« erkennt er »eine rührende Ähnlichkeit mit meiner Geliebten« und schließt daraus, »seine liebste Zuhörerin in der Kirche« bereits gefunden zu haben.

Noch heute trifft man die Owener Kirche im Wesentlichen an, wie Mörike sie beschrieben hat. Im Lenninger Tal gelegen wird sie von der Burg Teck überragt, um die sich an günstigen Tagen die Segelflieger gemächlich in den Himmel schrauben. In diesem Gelände ist Mörike gewandert, früh am Morgen aufbrechend, »um die Sonne von der Teck aus aufgehn zu sehen«, und einen guten Eindruck von solchen unbeschwerten Wandertagen vermittelt sein Gedicht AUF DER TECK: »Hier ist Freude, hier ist Lust …«

Die Owener Kirche war Grablege der Herzöge und Herzoginnen von Teck, in deren Auftrag das von Mörike beschriebene Altarbild wohl durch den Maler Konrad Weiß geschaffen wurde, der 1526 nachweislich in Esslingen ansässig war. Die »Nebenfiguren« stellen acht Heilige dar, und die eine von ihnen, in der Mörike seine Luise wieder zu erkennen meinte, kann nur die heilige Lucia oder die heilige Barbara gewesen sein.

Ungetrübt für den jungen Dichter waren freilich auch die Monate des Owener Vikariats nicht. Denn in dieser Zeit verschärfte sich das für Mörike irritierende und schmerzliche berufliche Desaster seines älteren Bruders Karl. Und in diese Zeit fiel die nicht ganz überraschende, aber doch bestürzende Nachricht von Waiblingers Tod in Rom, die für Mörike Unerledigtes aus der alten Freundschaftsbeziehung wieder an die Oberfläche steigen ließ.

Bruder Karl war in Scheer, wo Eduard ihn besucht hatte, durch eigene Schuld in erhebliche Verlegenheiten geraten. Der künstlerisch, vor allem musikalisch begabte Amtmann war nach dem Studium der Kameralwissenschaften in verschiedenen Stuttgarter Verwaltungsstellen tätig gewesen und endlich als Amtmann in Thurn und Taxissche Dienste eingetreten. Das verschaffte ihm Freiheiten, die er in Scheer zu seinem eigenen Unglück reichlich auszunutzen begann. Mit der Amtsführung haperte es, zumal er sich, darin seinem Dichter-Bruder nicht ganz unähnlich, zur Kunst und der dazu erforderlichen Muße hingezogen fühlte und sich darüber Lässigkeiten sogar im direkten Verkehr mit seiner vorgesetzten Behörde erlaubte. Kurzum, man sah ihm auf die Finger, fand bei der Revision Beanstandenswertes und setzte ihn unter Druck.

Zunächst gelang es ihm, die ganze Angelegenheit als ärgerliche Intrige hinzustellen, und Eduard zeigte sich denn auch in einem Brief vom Februar 1830 überzeugt, dass Karl »durch einen schlechten Aktuar in amtliche Fatalitäten verwickelt« worden sei. Jedenfalls: »Es rauchte schon eine Zeit lang in seiner Kanzlei, jetzt schlägt das Feuer nach allen Seiten aus.«

Dieses Feuer kam freilich erst richtig in Gang, als Karls Unannehmlichkeiten einen zusätzlich politischen Anstrich bekamen. Die Nervosität der Regierenden war durch die Ereignisse von 1830 erheblich angewachsen, nachdem sie in der Entschlossenheit, alle Anzeichen von nationalem Liberalismus, etwa im Umfeld der Burschenschaften, im Keim zu ersticken, auch in den Jahren vorher nicht eben zimperlich verfahren waren. Wer öffentlich für Demokratie und nationale Einheit Flagge zeigte, lief dringend Gefahr, als Demagoge betrachtet und eingesperrt zu werden. Karl Mörike mischte sich nun aktiv in diese gespannten Verhältnisse ein, vermutlich mit dem Ziel, seine Rechtschaffenheit und politische Loyalität unter Beweis zu stellen. Aber das ging gründlich daneben. Politisch radikale Umtriebe im Oberland wollte er angeblich aufdecken und erledigen, geriet aber bald in den Verdacht, für die Inszenierung des Ganzen, unter anderem durch Aufhängen entsprechender Plakate, selber verantwortlich gewesen zu sein. Die Gerüchte wucherten. Eduard zitiert seiner Verlobten im Februar 1831 aus einer Mitteilung Mährlens, er habe in Stuttgart »unter manchfachen revolutionären Bewegungen, die im Oberland gären sollten«, auch Karls Namen aussprechen hören. Zwei gegenteilige Meinungen gebe es dazu: die eine, Karl stünde mit persönlicher Überzeugung hinter der revolutionären Sache; die andere, er habe die Geschichte arrangiert, um die politischen Gegner dingfest zu machen. Es ist nicht auszuschließen, dass von beidem etwas im Spiel war.

Für den Vikar Eduard Mörike war die Affäre seines Bruders nicht nur peinlich. Sie bereitete ihm Sorgen hinsichtlich der eigenen Zukunft im Kirchendienst. Denn als sein oberster Dienstherr amtierte der König in bischöflicher Funktion, und Eduard argwöhnte, das dem König untergeordnete Konsistorium könne ihm den ohnehin schwierigen Einstieg in ein ständiges Pfarramt bis auf weiteres verschließen. Tatsächlich musste er, als dem Bruder der Prozess gemacht wurde, auch Untersuchungen des Konsistoriums über sich ergehen lassen, freilich ohne greifbares Ergebnis: »Ich weiß mich frei von aller Schuld und kann Gerechtigkeit ansprechen«, schreibt er im März 1831 an Luise; »aber ich habe Ursache, mich vor den indirekten Folgen zu fürchten, womit der Widerwillen und das gewohnte Misstrauen des Königs mich für meinen blinden Anteil an der Geschichte durch jahrelange Hinansetzung büßen lassen kann.« – Bruder Karl konnte sich beglückwünschen, dass er in der Person des Geheimen Rats Karl Friedrich von Kerner, einem Bruder von Justinus, einen Fürsprecher von höchstem Ansehen fand. Das Urteil erging denn auch nicht wegen Hochverrats, sondern dem eigenartigen Fall in eigenartiger Formulierung entsprechend »wegen grober Täuschung der Staatsregierung zu ehrsüchtigen Zwecken«. Es gab ein Jahr Festungshaft auf dem Hohenasperg, wo Eduard mit dem Delinquenten in Kontakt blieb und ihn das Manuskript zum Nolten studieren ließ. Nach seiner Entlassung hält Karl sich eine Weile in Ochsenwang auf, unterstützt Eduard dort bei der Erledigung seiner Ortskirchenverwaltung und macht sich als Leiter des Kirchenchors nützlich.

Nach Wahrnehmung einer kurzen Pfarrverwesertätigkeit in *Eltingen* bei Leonberg ab August 1831 folgte nun also *Ochsenwang*. Das geht vom Tal auf die Höhe, bei steilem, schweißtreibendem Anstieg, liegt aber ganz in Owens Nähe. Mörike verändert die Stellen, aber nicht seine Stellung. Er befindet sich nach wie vor im Vikariat, auch wenn er zum 21. Januar 1832 eine sogenannte »ständige Pfarrverweserei« in Ochsenwang übernimmt. Das heißt: er ist geistlicher Souverän im Dorf, ist sein eigener Herr und hat alles am Hals. Auch den Kirchenkonvent und die Schulaufsicht. Im Pfarrbericht hat er Rechenschaft abzulegen darüber. Pflichtschuldig tut er es.

Die kleinen Räume im Obergeschoss des Schulhauses (die Schulstube lag gleich darunter) sind seine Wohnung, ein bisschen beengt, aber behaglich, und sie gestatten es sogar, dass er ab März seine Mutter zu sich nimmt. Nun wirtschaften sie miteinander, später auch in Cleversulzbach, aber erst einmal in den Ochsenwanger Vikarsstübchen, die man heute als kleines, freundlich gestaltetes Mörike-Museum eingerichtet hat. Gut vorzustellen, wie der neue Pfarrverweser aus den Fensterchen hinaus auf die Straße und die direkt gegenüberliegende Dorfkirche geschaut hat, die in ihren Proportionen etwas Puppenstubenhaftes hat und ihn sofort an Pressels Gartenhaus in Tübingen erinnerte. Auf der anderen Seite geht es westwärts hinaus Richtung Breitenstein, einer dem Namen entsprechenden gestreckten Felsformation am Albrand, die als Ausflugs- und Aussichtsstelle gern besucht wird, weil sie einen phantastischen Blick freigibt von den Kaiserbergen zur Rechten übers Kirchheimer Gebiet bis zum Stuttgarter Fernsehturm im Hintergrund und zur Burg Teck auf der linken Seite. Mörike zeigt sich beeindruckt und spricht von »einer schaudernd lieblichen Aussicht in tiefliegende, sanft und mild ineinander laufende Täler« und von dem kleinen Ochsenwang als »einem Ort, den mir die Muse selbst (und ich habe eine sehr subjektive und eigensinnige) nicht besser hätte aussuchen können«.

So überschwänglich allerdings bleibt das Urteil nicht. Gewiss: die Landschaft ist großartig, und Mörike weiß sie bei Spaziergängen (ein gewaltiger Wanderer wie Hölderlin war er nicht) und an bevorzugten Ruhepunkten, namentlich dem »spitzigen Fels« über dem Bissinger Tal, zu genießen. Und die Ochsenwanger mögen ihren Vikar, wie dieser umgekehrt seine Ochsenwanger mag. Aber das Provisorium fängt an, ihn mehr und mehr zu plagen. Wie lange ist es gesund und zuträglich, im Provisorischen zu leben, immer auf dem Sprung zu sein, aber nicht anzukommen? Der »Springer« im Vikariat hat die vielen Wechsel hingenommen, jetzt regt sich allmählich Ungeduld. Erst wollte er nicht so recht in den Pfarrdienst hinein, musste aber. Jetzt will er, sollte aber nicht. Es ist, als hätte ihn das Stuttgarter Konsistorium beinah vergessen oder als hielten sie an seiner Springer-Verwendung fest oder als trauten sie ihm immer noch nicht zu, ein ständiges Pfarramt zu führen; sei es wegen seiner bekannten gesundheitlichen Labilität; sei es wegen seiner, kirchenamtlich betrachtet, extravaganten Neigungen. Für die letzteren Bedenken kann man, auch im Blick auf Mörikes weitere Entwicklung, die Kirchenbehörde gar nicht einmal tadeln.

Mörike persönlich sah das natürlich anders. Er hatte gerade seinen NOLTEN-Roman abgeschlossen, sein großes literarisches Projekt, und war diesbezüglich nur noch mit Korrekturarbeiten beschäftigt. Da kann sich das Gefühl eines gewissen Vakuums einstellen und der Drang nach neuen Herausforderungen. Außerdem hatte er als Pfarrverweser alle Aufgaben zu erfüllen, die in einem ständigen Pfarramt nicht anders anfielen; jetzt freilich in bescheidenerem Rahmen. Und vor allem war da Luise Rau, die aus einem Pfarrhaus kam und gern auch wieder in ein Pfarrhaus eingetreten wäre, gemeinsam mit ihrem geliebten Eduard. Der schien in diese Richtung für ihren Geschmack wohl nicht den erforderlichen Zug zu haben, wir entnehmen es Anmerkungen Mörikes und können leider nicht auf Zeugnisse von Luises Hand zurückgreifen, weil es keine gibt; nicht mehr gibt, genauer gesagt. Mörike hat alle ihre Briefe wie vorher schon die der Peregrina vernichtet, nachdem die Beziehung abgebrochen war.

So viel jedenfalls ist deutlich: Luise hat den Dichter hingenommen, wohl auch verehrt, aber gewartet hat sie auf den Pfarrer. Das war ein Stand und ein Milieu, in dem sie sich auskannte. Der Dichter ist ihr bei allem, was er in Briefen und Gedichten an Nähe zu ihr entwickelte, im Grunde doch eigenartig fremd geblieben. Sie war sich nicht im Klaren darüber, ob sie ihn verstand; und wenn sie ihn verstand, ob sie ihm zuzustimmen vermochte.

Verständlich, dass Mörikes Unruhe wuchs; zumal über alles Sonstige hinaus das Klima der Albhöhe ihm immer weniger bekam. »Ich lebe jetzt in einem dunkeln, sonderbaren Mittelzustand, und die ungewisse Hoffnung, dass meine ganze Existenz sich nun bald regulieren dürfte, trägt nicht wenig bei, die Ungeduld zu vermehren«, schreibt er am 29. Juli 1832 an Luise. Und wenige Tage später erzählt er Vischer, er sei nach Stuttgart gereist in der »Hauptabsicht, den Herren vom Konsistorium meine Not wegen des hiesigen Klima (!) vorzuklagen und eine Meldung auf eine definitive Anstellung im Unterlande vorzubereiten«. Allerdings befürchtet er, der König könne ihm, um seines Bruders Karl willen, den Spaß verderben. Weil's nicht vorangeht, sinkt Mörikes Stimmung beträchtlich, und er kann wieder Töne anschlagen, die lebhaft an die Anfangszeit im Vikariat erinnern: »Mich widert die Arbeit an«, aber dann heißt es auch wieder, und das zeigt die grundsätzlich veränderte Situation: »Gebt mir die mäßigste Pfarrei in einer menschlichen Gegend, und ich will gesund werden und arbeiten und fröhlich sein in meiner Arbeit trotz Einem! Aber nein! hier muss ich sitzen, bis ich zu Stein werde!« In der Tat musste er noch eine Weile aushalten, selbst wenn er zwischenzeitlich seinen Gönner Gustav Schwab in die Pflicht nahm, anlässlich seiner »Eingabe um gnädigste Übertragung der erledigten Pfarrei Thamm, Dekanats Ludwigsburg« bei Mitgliedern der Kirchenleitung ein gutes Wort für ihn einzulegen. Auch aus Thamm wurde nichts.

Seine dichterische Arbeit hat dies alles sicher nicht beflügelt, aber auch nicht gelähmt. Schon die meisten Briefe an Luise Rau sind mehr als Korrespondenz; sie haben den Rang dichterischer Prosa. Dazu fallen in diese Periode einige Gedichte von ausgesuchter Schönheit, VERBORGENHEIT etwa und AN EINEM WINTERMORGEN und ZUM NEUEN JAHR sowie, unübertrefflich in seiner Dichte und Bildkraft den ganzen Mörikeschen Orplid-Mythos zusammenfassend, der GESANG WEYLAS:

Du bist Orplid, mein Land!
Das ferne leuchtet;
Vom Meere dampfet dein besonnter Strand
Den Nebel, so der Götter Wange feuchtet.

Uralte Wasser steigen
Verjüngt um deine Hüften, Kind!
Vor deiner Gottheit beugen
Sich Könige, die deine Wärter sind.

Und auch eine Novelle ist ihm zügig in die Feder geflossen, nachdem das NOLTEN-Projekt erledigt war: LUCIE GELMEROTH. Die Hauptfigur, Lucie, ist eine sensible und für Geistes- und Gefühlsverwirrungen anfällige Person, wie nahezu alle Frauengestalten in Mörikes Werk. Sie leidet unter dem frühen Tod ihrer geliebten Schwester, die den Schmerz über die Treulosigkeit ihres Verlobten nicht verkraftet hatte. Lucie gewinnt, nach Rache verlangend, einen bereitwilligen Komplizen in einem früheren Freund ihrer Schwester, der den Schuldigen stellt und im Duell tötet. Aber die Tat und das Wissen um diese Tat wirken auf Lucie keineswegs, wie von ihr zunächst erhofft, beruhigend und befreiend. Sie erlebt nun erst recht einen Aufruhr ihrer Gefühle und die Last ihres Gewissens, so dass sie vor Gericht erscheint und sich selbst als Mörderin beschuldigt.

Die Novelle verfolgt behutsam diese subtilen psychischen Verstrickungen von Schuldgefühl und Selbstanklage auf der einen Seite sowie Erlösungssehnsucht und Erinnerungsbindung auf der anderen. Lucie kommt von der toten Schwester nicht los, weil ihre Liebe nicht loskommt von ihr. Und der Schmerz verklärt die Verstorbene auf schwärmerisch-lustvolle Weise. Daneben quält sie das Schuldgefühl sowohl dem getöteten Verlobten der Schwester als auch dem unglücklichen Täter gegenüber, den sie angestiftet hat. Und für diese Schuld und Schulderfahrung ist das öffentliche Gericht nach Lucies Empfinden eine ganz und gar unzuständige Instanz, selbst wenn sie es anruft. Die radikale Lösung eines Selbstmords, mit dem sie spielt, um den ganzen Knoten zu zerschlagen, scheidet deswegen aus, weil er als Sünde ihre Schuld auch noch ins Religiöse treiben würde. Und so greift sie am Ende zu diesem Kniff der Selbstbezichtigung vor Gericht, mit dem sie sich einbildet, jedenfalls mit Gott ein vertretbares Arrangement getroffen zu haben: »Gott wolle sie selbst ihres Lebens in Frieden entlassen, wofern sie es zur Sühnung der Blutschuld opfern würde.«

Das Szenario dieser Novelle mag biedermeierlich sein, mehr oder weniger. Das Thema des religiös-moralischen Konflikts ist es nicht. Dass Schuld und Schuldverstrickung eine Dynamik enthalten, die selbstruinös immer unbarmherziger in den Abgrund zieht; dass sich die menschliche Gesellschaft darum wie eine schweigende Kulisse gruppiert, von der eine Hilfe so gut wie gar nicht erwartet werden kann; dass eine streng religiöse Prägung mit einer Gottheit zu rechnen gewohnt ist, in der eine gnadenlose oberrichterliche Instanz erscheint und sonst nichts; und dass endlich das ganze verquere Seelen- und Gewissenssyndrom einer selbstquälerischen Person als das kenntlich wird, was es tatsächlich ist, nämlich eine »seltsame Suggestion« und ein »großer Selbstbetrug«, das hat Mörike gesehen und eindrücklich erzählt in seiner Novelle, und das lässt sie auch bei heutiger Lektüre erstaunlich modern erscheinen.

Die Novelle endet glücklich. Mörikes eigene Beziehung zu Luise Rau geht noch in der Ochsenwanger Zeit unglücklich zu Ende. Im Spätherbst wird die Verlobung gelöst. Krisenanzeichen gab es früher schon, kleine Unstimmigkeiten, nichts Gravierendes. Einen dramatischen Knall gab es nicht. Eher Verschleißerscheinungen in den Jahren des Wartens aufeinander, auf eine neue gemeinsame Lebensbasis im Pfarramt. Luise war es wohl, die die Entscheidung herbeigeführt hat. Und Mörike hat sie schwer verkraftet: »eine für mein ganzes Leben wichtige Katastrophe«, schreibt er am Ende 1833 seinem Freund Vischer. Das war sicher nicht übertrieben; er hat es so erlebt. Die Beziehung zur Peregrina gescheitert; die ganz andere Art der Beziehung zu Luise Rau nun auch gescheitert: was ergab das für Perspektiven?

Die Kirche versetzt ihn wieder einmal. Nach *Weilheim* im Dekanat Kirchheim. Das ist sozusagen gleich vor der Tür, vom Ochsenwanger Albabhang kann man hinuntersehen. Er verändert sich äußerlich und bleibt derselbe im noch frischen Liebesschmerz. Anfang 1834 schreibt er an Vischer: »Nach den gewaltigen Vorgängen der neuesten Zeit brüt' ich und glühe noch in einer Art von fiebrischer Bewegung unter einer nasskalten Decke von Eis, die ich mir selber übergezogen.«

Nach Weilheim ist noch einmal *Owen* an der Reihe, zwei Monate, dann *Ötlingen,* auch im Kirchheimer Bezirk, eineinhalb

Monate. Von dort richtet er sein Gesuch an den König Wilhelm I.,»indem ich es wage, Eurer Königlichen Majestät die alleruntertänigste Bitte vorzutragen, mir die erledigte Pfarrei Klever-Sulzbach (!), Diöcese Neuenstadt, gnädigst übertragen zu wollen«. Endlich hat er Erfolg. Aus Ötlingen schreibt er an Cotta:»Ich bin durch königliches Dekret vom 20. Mai zum Pfarrer in Cleversulzbach bei Weinsberg ernannt, der Aufzug ist auf den 9. Juni festgesetzt«; nicht ohne den Verleger im Anschluss an diese freudige Nachricht um sechs bis sieben Hundert Gulden für die bevorstehenden Umzugskosten anzugehen.

MALER NOLTEN

Nur diesen einen *Roman* hat Mörike geschrieben, und er ist Jugendwerk und Lebenswerk in einem gewesen. Während seiner Vikariatsjahre entstanden und veröffentlicht, hat das Werk den Dichter auch in späterer Zeit nicht losgelassen. Der Plan einer veränderten Fassung für eine Neuauflage reifte Anfang der fünfziger Jahre, 1854 wurde vom Verleger Schweizerbart ein entsprechender Vertrag unterzeichnet, und Mörike machte sich umgehend an die Arbeit. Zu Ende gebracht hat er das Projekt aber bis zu seinem Tode nicht. – Man fragt sich, was Mörike derart an diesen Romanstoff gebunden hat. Die mäßige Resonanz, die die Erstauflage beim Publikum gefunden hatte, nachträglich zu korrigieren, kann es nicht gewesen sein. Das hätte Mörike ganz und gar nicht entsprochen. Eher waren es die Gestalten, die den Roman bevölkern: mehr oder weniger alles Menschen mit tiefen biographischen Brüchen; Seelen-Versehrte, Getriebene, die selten zu übersehen vermochten, wohin es sie trieb; und wenn sie es sahen, war es im grellen Augenblick einer Katastrophe. Das ist bei Agnes so, der aus Neigung und Fürsorge lange gutwillig Getäuschten. Es ist bei der Zigeunerin so, die ihre schreckliche Liebe lebt, wie das nur eine Wahnsinnige vermag, welcher sich alle Maßstäbe des Begreifens und Handelns verrückt haben. Es kennzeichnet die Geschichte der Gräfin Konstanze, der die Augen erst aufgehen, als sie das Unheil irreparabel besorgt hat. Und es ist das Verhängnis des Malers Nolten selber: das Glück greifen zu wollen, immer wieder, und es genau im selben Zuge zu zerstören.

Leicht ist die Lektüre nicht. Sie verlangt einen langen Atem. Die Sprache, zweifellos an Goethes WILHELM MEISTER geschult, ist überaus gepflegt, kunstvoll, aber für den heutigen Geschmack auch erst einmal fremd. Man muss sich einlesen, aber wenn man es unternimmt, erwartet einen ein grandioses Erzählgebäude, mit labyrinthisch anmutenden, gezielt verwirrenden Gängen; mit prachtvollen Sälen und angebauten Erkern und Abstiegen in Kellergeschosse des Vergangenen und Rückzüge auf den Dachboden der Träume. Die Handlung ist kompliziert und vielschichtig wie die menschliche Seele, die ihr eigentlicher Gegenstand ist. Albrecht Goes hat darum von einem »Werk unheimlicher moderner Seelenklugheit« gesprochen. Er befindet sich damit in ziemlicher Übereinstimmung mit einem der ersten Gutachter des Romans, dem Freund Ludwig Bauer, der im November 1832 schreibt: »ein Meisterstück, ausgezeichnet durch Wahrheit und psychologische Tiefe«.

Die Komposition des Ganzen erweckt zunächst den Anschein irritierender Undurchsichtigkeit. Der Leser wird dauernd mit Unterbrechungen des Erzählflusses konfrontiert. Da werden Rückblenden eingelegt, Manuskripte gefunden und umfassend zitiert, Briefe zugespielt, deren Inhalt neue Fährten legt. Ein ganzes SCHATTENSPIEL, nämlich das vom geheimnisvollen Land Orplid und seinem tragischen letzten König, wird eingeschoben. Dazu eine Serie von Gedichten, die Mörike bis zur Abfassung des

Romans in ganz unterschiedlichen Zusammenhängen geschaffen, aber noch nicht herausgegeben hatte: voran die PEREGRINA-Gedichte, dann die Ballade vom FEUERREITER, die GEISTER VOM MUMMELSEE, der GESANG ZU ZWEIEN IN DER NACHT, das ELFENLIED, FRÜH, WENN DIE HÄHNE KRÄHN, JUNG VOLKER, ER IST'S, IM FRÜHLING – und endlich die Gebete, die im dramatischen Schlussteil des Romans ihren Platz haben: WOLLEST MIT FREUDEN (hier noch ohne die später hinzugefügte Strophe »Herr, schicke, was du willt«) und das JESU BENIGNE mit Mörikes Übersetzung DEIN LIEBESFEUER, die wir an anderer Stelle genauer betrachten wollen.

Aber dies alles ist keineswegs wahllos zusammengestückt, es gewinnt bei der stofflichen Fülle doch eine wohl überlegte kompositorische Ordnung. Namentlich bei den lyrischen Einschüben wird erkennbar, dass es sich nicht bloß um Versatzstücke handelt, sondern um ein literarisches Konzept. Natürlich, Goethe hatte in seine Romane auch ab und zu Lyrisches eingefügt. Die Romantiker machten es ebenso und Mörike wusste darum, aber bei ihm sind auf eigene Weise die Gedichte so in den jeweiligen Erzählpartien platziert, dass sie eine perspektivisch verschobene Deutung des Erzählten anbieten. Im Gedicht spiegelt sich dann eine erzählte Stimmung, ein tragischer oder heiterer Vorgang derart, dass verfremdet und mit Hilfe solcher Verfremdung zugleich neu zu sehen und zu verstehen eingeladen wird. Das gilt für die Funktion der Gebete am Ende genau so wie für das große Zwischenspiel von Orplid, das in seiner »phantasmagorischen« Manier das Grundthema des gesamten Romans vom Janusgesicht der Liebe und von der rätselhaften Macht des Schicksals durchspielt.

Liebe und Schicksal. Sie umfassen, was seit den antiken Tragöden und Lyrikern den Humus und den Horizont für alles Dichten ausmacht, und Mörike war persönlich betroffen in den

Jahren nach dem Beziehungs-Fiasko mit der Peregrina Maria Meyer und nach der problematischen Freundschaft mit Waiblinger, die vor allem nach dessen Tod in seiner Erinnerung nachbebte. Hat Mörike in die Gestalt des Nolten viel von sich selbst hineinprojiziert, so jedenfalls auch einiges von Waiblinger in die Gestalt des Schauspielers Larkens.

Und beinahe gespenstisch mutet es an, wenn Noltens Verlobte Agnes, die seelisch so labile, überaus verletzliche Person, die zur Liebe ebenso erwählt wie durch ein dämonisch wirksames Schicksal um deren Erfüllung betrogen scheint, in Mörikes Verlobten Luise Rau ihr Urbild haben dürfte. Was mag die Verlobte in der Realität von ihrer Spiegelung in der Verlobten des Romans gedacht und gehalten haben, wenn sie es denn wahrgenommen und einigermaßen durchschaut hat? War das Scheitern dieser Liebe im Roman nicht wie ein drohendes Menetekel für das mögliche Scheitern ihrer Liebe zu dem jungen Dichter? Schon lange, bevor sich im Roman die Schicksalsfäden unheildrohend verknoten, erklärt Agnes in schwerem Selbstzweifel: »Ich bin ein gar zu bäurisches einfältiges Geschöpf, und solch ein Mann!« Und: Meint ihr denn, »ich hätte nicht gemerkt, dass er oft Langeweile bei mir hatte«? In der Tat scheint die Pfarrerstochter Luise Rau eine liebenswerte, aber auch einfache Natur gewesen zu sein, die Mörikes Format nicht gewachsen war. Die Umstände ihrer Trennung sind nicht völlig offenbar. Immerhin wurde der Roman im August 1832 veröffentlicht; im Herbst 1833 wurde Mörikes Verlobung mit Luise Rau gelöst. Bloßer Zufall der zeitlichen Nähe?

Den Inhalt des Romans in kurzer Form nachzuerzählen, ist nahezu unmöglich. Man läuft Gefahr, immer irgendwelche wichtigen Scharnierstücke, Brückenschläge, sowohl in sich geschlossene als auch für die Bedeutung des Ganzen wesentliche Partien zu unterschlagen. Wir beschränken uns also auf eine

Skizze des Romangeschehens und halten uns dabei ausschließlich an die erste Fassung von 1832, die auf Grund der Fragment gebliebenen Neuauflage als die authentische gelten darf.

Der junge Maler Theobald Nolten gelangt durch freundschaftliche Förderung ins Haus eines Grafen Zarlin, in dessen verwitwete Schwester Konstanze von Armond er sich umgehend verliebt. Sein Schauspieler-Freund Larkens beobachtet die Anfänge dieser Liebesbeziehung mit Unwillen, weil er von Agnes, der Verlobten des Malers weiß, die durch einige unglückliche und missverständliche Umstände Nolten Anlass gegeben hat, sich von ihr zu distanzieren. Um das ohnehin in seinem seelischen Gleichgewicht ständig gefährdete Mädchen zu schützen und die Beziehung für den anscheinend verblendeten Nolten zu retten, entschließt sich Larkens, die Korrespondenz der beiden zu manipulieren, indem er anstelle Noltens die Schreiben der Verlobten beantwortet. Vorübergehend kann sich Agnes' seelischer Zustand dadurch erholen.

Die Strategie des Schauspielers, Nolten allmählich seiner Verlobten Agnes wieder zuzuführen, scheint in den ersten Schritten aufzugehen, indem er mit dem Schattenspiel von Orplid im gräflichen Hause Verwirrung stiftet, den Verdacht einer parodistischen Verunglimpfung des mit dem Haus verwandten Königs erzeugt und schließlich der Gräfin Konstanze Unterlagen zuspielt, aus denen Noltens anderweitige Verlobung zweifelsfrei hervorgeht. Konstanze, ebenso enttäuscht wie empört über den vermeintlichen Heuchler, sorgt mittels einer politischen Intrige dafür, dass Nolten und Larkens inhaftiert werden.

In dieser Zeit taucht wieder die mysteriöse Zigeunerin auf, die sich hartnäckig um Noltens Nähe und Liebe bemüht und in diesem Vorsatz als rätselhafter Unheilsengel bei denen zu erscheinen pflegt, die ihr diese Liebe rauben könnten. Agnes hat das erlebt, und die Begegnung ist ihr zum Trauma geworden. Im

Rückblick wird aufgedeckt, dass diese Zigeunerin in Noltens Jugendjahren eine bedeutende Rolle gespielt hat (sie ist unverkennbar eine literarische Variante der Peregrina), er war durch ein unverhofftes Zusammentreffen mit ihr nicht allein von ihrer Schönheit fasziniert, sondern auch von ihrer verblüffenden Ähnlichkeit mit einem Frauenporträt, das er auf der Bühne des Pfarrhauses zu Wolfsbühl andächtig zu bestaunen liebte. Später wird sich herausstellen, dass diese Ähnlichkeit alles andere als zufällig war: die Porträtierte war Loskine, die Mutter der Zigeunerin Elisabeth, die von dem einstweilen unerkannten, weil lange als verschollen geltenden Onkel des Malers, der als »merkwürdiger Hofrat« da und dort ins Geschehen eintritt und erst gegen Ende der Handlung sein Incognito preisgibt, über alles und mit den unglücklichsten Konsequenzen geliebt worden war.

Nach ihrer Haftentlassung trennt sich der Schauspieler von seinem Maler-Freund, indem er ihm brieflich seine fingierte Korrespondenz mit Agnes eingesteht, aber auch die selbstlosen Motive seines freundschaftlichen Verhaltens unterstreicht: »Lasst mich den Propheten eurer Liebe gewesen sein! Ihr Märtyrer war ich ohnehin.« – Seit dieser Eröffnung, die einen verhängnisvollen Bund aus Freundesliebe und Betrug betraf, ziehen alle tragischen Kräfte unaufhaltsam und beschleunigt in die Tiefe. Larkens, der in der Reichsstadt untergetaucht war, die Nolten auf einer Reise nach Norddeutschland besuchen sollte, wird im Gasthof entdeckt, flieht und wird anschließend in seinem Zimmer tot aufgefunden.

Auf dem Schloss des »Präsidenten«, der Nolten mit Agnes eingeladen hatte, taucht unvermittelt wieder die Zigeunerin auf, Agnes im Garten stellend und nachher in ihrem Liebeswahnsinn offen dafür plädierend, dass die ohnmächtig daliegende Rivalin der Liebe zu Nolten niemals wieder aufstehen möge. Elisabeth verschwindet, bald darauf erfährt man von ihrem Tod. Agnes

aber erwacht, allerdings in völliger Trübung ihrer Seele und Verwirrung ihres Geistes, in der sie »die sonderbarste Personenver-
wechslung zwischen Nolten und Larkens« vollzieht. Mit dem
blinden Gärtnersohn Henni führt sie Gespräche, die die religiöse
Tiefendimension des Erlebten ausloten, worin die Gebete WOL-
LEST MIT FREUDEN und JESU BENIGNE sowie die wunderbaren
Zeilen aus EINE LIEBE KENN' ICH, DIE IST TREU ihren Platz bekommen:

> Und was ist's, dass ich so traurig bin?
> Dass ich angstvoll mich am Boden winde?
> Frage: Hüter, ist die Nacht bald hin?
> Und: was rettet mich von Tod und Sünde?

Agnes wird plötzlich vermisst, gesucht und schließlich tot im
Alexis-Brunnen des nahen Waldes gefunden, von dessen Sage
vorher erzählt worden war. Nolten, tief verstört, verrät nur noch
eine »schläfrige Übersättigung von langen Leiden«. In einem
mystischen Szenario sieht ausgerechnet der blinde Henni schat-
tenhaft Nolten in dessen Sterbestunde mit der Zigeunerin zusammen.

Dieses Finale des Romans hat Mörike selbst entschlüsselt, in einem Brief vom Mai 1832 an Vischer: »Angedeutet wird, dass sein
(Noltens) Verhängnis ihn auch jenseits des Grabes an die
Geliebte seiner frühen Jugend, die rätselhafte Elisabeth, welche
ihm nur wenige Tage im Tode vorangegangen, gekettet haben
will.«

Unberücksichtigt wurde bisher das ganze Orplid-Spiel, das eine
Einheit für sich darstellt und darum auch eigens betrachtet werden
kann. Die Einführung zum Spiel, von Larkens gegeben, erzählt
praktisch die Entstehungsgeschichte dieses Phantasie-Mythos in der
Tübinger Freundschaft zwischen Mörike und Ludwig Bauer, wir
sind an entsprechender Stelle darauf eingegangen.

Das Spiel Der letzte König von Orplid nennt Mörike im Untertitel ein »phantasmagorisches Zwischenspiel«, wobei er wohl bewusst an den Helena-Part in Faust II anknüpft, den Goethe bereits im Jahre 1800 in Angriff genommen, aber erst 1826 abgeschlossen und anschließend separat veröffentlicht hatte unter dem Titel: »Helena. Klassisch-romantische Phantasmagorie. Zwischenspiel zu Faust«. – In der Orplid-Phantasmagorie geht es um das verzweifelte Schicksal und die endliche Erlösung des tausendjährigen Königs Ulmon, der aus eigenem Vermögen sich dem Liebesbann der Feenfürstin Thereile nicht entziehen und darum auch nicht den ersehnten Tod finden und ins Reich der Götter erhoben werden kann. Kollmer, der sich nachher als Vater des Feen- und Menschenkindes Silpelit herausstellt, ist bestrebt, dem König beizustehen, der unter dem Fluch und der Verheißung eines »alten Götterspruchs« steht, welcher ihm an der Wiege und bei der Krönung gesungen wurde:

> Ein Mensch lebt seiner Jahre Zahl:
> Ulmon allein wird sehen
> Den Sommer kommen und gehen
> Zehn hundertmal …

Der König, dessen Schicksal, nicht sterben zu können, an den Amfortas der Gralssage erinnert, weist Kollmer auf die Existenz eines »heiligen Buches« hin, das verloren sei, aber zum Zweck seiner Erlösung aufgefunden werden müsse. Dieses Buch, das von zwei Taugenichtsen entdeckt wurde, gelangt durch Kollmer in König Ulmons Hände. (Die Taugenichtse sind »Buchdrucker« und »Wispel«, zwei Phantasiefiguren Mörikes, die er immer wieder aktiviert. Buchdrucker, dem hier sogar der erzschwäbische Kommentar »Das ischt ja aber eine wahre Schweinerei« entschlüpft; und vor allem Wispel, das Faktotum, das in mehreren Rollen und mit Vorliebe nach Shakespearischem Muster als komödiantische Erholung nach einem

dramatischen Höhepunkt durch den Roman wuselt.) Dank ihrer
ungewollten Mithilfe kann der Bann gebrochen und der König erlöst
werden, aber nur durch die Gegenwart des Kindes, der Silpelitt, die
gemeinsam mit dem König aus ihrer Doppelexistenz befreit werden soll. Der goldene Pfeil, in einer Höhle verborgen, wird zum
Mittel der Erlösung. Silpelitt trifft damit den Baum, in dessen Ader
die Feenfürstin als Befestigung ihres Liebeszaubers Blut des Königs
und ihr eigenes eingeimpft hatte, und Thereile bleibt zurück mit
der Klage:

> Ist Freud' hin auf immer,
> Ist brochen die Liebe,
> Was hilft mir die Schönheit,
> Was frag' ich darnach!
>
> … Er traf aus der Ferne
> Mir jählings das Leben;
> Mein Zauber ist aus.

Wunderbare Verse enthält das Orplid-Spiel, voran die bekannten
vom GESANG ZU ZWEIEN IN DER NACHT, weiter die GEISTER VOM
MUMMELSEE und das ELFENLIED, und eine Kostbarkeit bilden
die Verse am Ende, eine poetische Meditation über die Zeit. Dem
jungen Dichter Mörike, der ein Philosoph weder war noch sein
wollte, gelingen hier ein paar Zeilen Lyrik, in denen eine lange
Reflexionsgeschichte über Zeit und Ewigkeit verdichtet erscheint.
In seinem Schlussmonolog sagt der letzte König von Orplid:

> … Leb wohl, Orplid!
> Wie wird mir frei und leicht! wie gleitet mir
> Die alte Last der Jahre von dem Rücken!
> O Zeit, blutsaugendes Gespenst!
> Hast du mich endlich satt, so ekel satt,
> Wie ich dich habe? …

… Zeit, was heißt dieses Wort?
Ein hohles Wort, das ich um nichts gehasst;
Unschuldig ist die Zeit; sie tut mir nichts.
Sie wirft die Larve ab und steht auf einmal
Als Ewigkeit vor mir, dem Staunenden.

Im Pfarramt
(1834–1843)

DER PFARRER VON CLEVERSULZBACH

Nun ist er also angekommen, endlich. Nach Jahren des unsteten Lebens und unständigen Dienstes angekommen im Pfarramt zu Cleversulzbach. Es war eine kleine und mäßig dotierte Pfarrstelle dort, aber wie geschaffen für Mörikes Bedarf und Neigung und einigermaßen hinreichend auch für den Unterhalt der Mutter und der Schwester Klara. Beide teilten mit Mörike das Haus und das pfarramtliche Leben und haben ihm Freiräume gewährt und ihm insgesamt gut getan, weil die persönlichen Beziehungen problemfrei und herzlich waren. So glücklos sich Mörikes Verbindungen mit anderen Frauen gestalteten, so glücklich verliefen sie in der eigenen Familie. Und die Frage liegt auf der Hand, ob und inwiefern das eine mit dem anderen zusammenhängen dürfte.

Cleversulzbach im Dekanat Neuenstadt/Kocher war damals ein Dorf mit sechshundert Einwohnern, nicht weit von Heilbronn und Weinsberg entfernt, heute ist es nach Neuenstadt eingemeindet. Der Hügel hinter dem Dorf, den Mörike gern beim Spaziergang aufsuchte, bildet einen Wall und Lärmschutz gegen die nahe Autobahn und lässt den Ort abgeschieden erscheinen, fast wie in alter Zeit. Man sieht auf den gedrungenen Kirchturm mit seinem spitzen Helm, den einmal der Turmhahn krönte und der Cleversulzbach berühmt gemacht hat. Das Pfarrhaus, jetzt durch ein kleines, mit Liebe und Sorgfalt bestücktes Museum von der Kirche getrennt, wirkt stattlich und bot reichlich Wohnraum. An der Böschung gelegen, gewährte es von der ersten Etage einen Ausgang zum Garten, den Mörike kräftig nutzte und in dessen Buchenstamm er, dem geschätzten Dichter Ludwig Christoph Heinrich Hölty zu Ehren, ein großes »H« ritzte. Die Buche musste leider 1992 gefällt werden, eine Baumscheibe im Museum erinnert an ihre vergangene Würde.

Der Charakter des Orts und des Pfarramts, das Mörike dort zu verwalten hatte, gab immer wieder Anlass, von einer »Idylle« zu reden. Und das Gedicht vom ALTEN TURMHAHN konnte als literarischer Beleg dafür gelten, wie Mörike diese Idylle selber gepflegt hat. Das ist sicher zutreffend. Mörike hat das Nötige zu erledigen und das Mögliche zu genießen versucht. Und zum Genießen brauchte er nun einmal nicht viel mehr als seinen Garten, den Ausblick aus der Studierstube auf die benachbarten Höhen, den Spaziergang auf vertrauten Wegen, da und dort einen Plausch mit den Landleuten und – Muße. Muße zur Betrachtung dessen, was ihm vor Augen kam. Muße zur Poesie. Wenn Idylle mit Kleinräumigkeit der Lebensumstände, mit Bescheidenheit in den Lebensansprüchen und mit Aufmerksamkeit für das gering Erscheinende, angeblich Nebensächliche zu tun hat, dann war Mörikes Pfarramt in Cleversulzbach tatsächlich ein idyllisches Pfarramt, durchaus mit Zügen eines biedermeierlichen Geschmacks.

Aber das trifft doch nur die eine Seite und ist lediglich die halbe Wahrheit. Denn das Behagliche in Cleversulzbach hatte von Beginn an auch den Schatten seines Gegenteils bei sich, und Mörike hat sich nicht wenig geplagt damit. Da waren die Krankheitsschübe, denen er ausgesetzt war und die ihm schon bald nach der Investitur Anfang August 1834, nämlich im folgenden Winter, heftig zu schaffen machten. Im März 1835 schreibt er an Mährlen, es hätte nicht viel gefehlt, und er wäre »diesen Winter wirklich aus dem Lande der Lebendigen abgesegelt«, da er fünf Wochen lang mit einer Unterleibsentzündung todkrank gewesen sei. Das war ein akuter Fall, der glücklich überstanden wurde, aber die latenten Miseren, die Unpässlichkeiten und Beschwerden, die irgendwie immer mit Rheuma-Erscheinungen in Verbindung gebracht wurden, rissen nie für eine längere Zeitspanne ab. Sie brachten permanenten Schonungs- und Pflegebedarf mit sich, verschafften dem Patienten im Sommer 1837 einen Kuraufenthalt in Mergentheim, wo er sich später ansiedeln sollte, ließen ihn Rat und Hilfe suchen bei Justinus Kerner in Weinsberg, auch bei Blumhardt in Möttlingen, und machten schließlich den entscheidenden Grund aus, das Pfarramt überhaupt aufzugeben. »In Cleversulzbach kann ich nicht gesund werden. Das Haus ist eine Eisgrube Sommers und Winters«, so berichtet er Hardegg im Februar 1839.

Hinzu kamen die finanziellen Verlegenheiten. Seine Einkünfte haben eigentlich nie gereicht, auch im Pfarramt nicht, und das lag beileibe nicht am aufwendigen Lebensstil, den es in Mörikes Haushalt nun wirklich nicht gab. Später, als er aus dem Kirchendienst ausgeschieden war und nur eine kleine Pension bezog, von der eine Familie ernährt werden sollte, wurden die Verhältnisse sogar ausgesprochen prekär. Aber angespannt waren sie auch schon in Cleversulzbach, so dass Mörike immer wieder um Vorschüsse und Kredite nachsuchen musste. Im April 1835 zum Beispiel tut er's Mährlen gegenüber in seiner humorvollen Art, indem er den Brief beginnt: »Statt jener nichtssagenden römischen Briefanfangsformel; Si vales bene est, ego valeo (Wenn du dich wohl befindest, ist es gut; ich befinde mich wohl) weiß ich diesmal eine viel bedeutsamere: Wenn du Geld hast, soll mirs lieb sein, ich habe keins.« – Und dem Freund Hartlaub rechnet er im Mai 1840 betreten vor: »Lieber! ich bin Dir nunmehr gegen tausend Gulden schuldig.«

Pfarrhaus und Kirche in Cleversulzbach, getönte Zeichnung
von Eduard Mörike
nach einer zeitgenössischen Lithographie

Das dritte und für eine Idylle nicht gerade zuträgliche Unbehagen lag weiterhin in den auferlegten Pfarramtsgeschäften, insbesondere im Predigtdienst. Mörike hat schwer daran getragen, auch wenn die praktischen Aufgaben, nüchtern betrachtet, so gewaltig nicht waren: Predigt am Sonntag früh, Kinderlehre am Nachmittag, Betstunde am Mittwoch, Kasualien, Kirchenkonvent, Führung der Kirchenbücher. Das war im Normalfall durchaus zu meistern. Aber Mörike war nicht der Normalfall des Gemeindepfarrers. Er hat Predigt-Vertretung gesucht unter den Kollegen in den Nachbarorten und deren Hilfe völlig ungeniert in Anspruch genommen. Er hat beim Konsistorium in Stuttgart die Unterstützung durch einen Vikar beantragt und bewilligt bekommen. Vier waren es im Verlauf seiner Cleversulzbacher Zeit, die ihm die Geschäfte zu beträchtlichen Teilen abgenommen haben.

Daraus darf nicht einmal der Schluss gezogen werden, Mörike sei ein schlechter oder sogar ungeliebter Pfarrer gewesen. Seine Gemeinde wusste durchaus, was sie an ihm hatte. Die Predigten wurden von den Cleversulzbachern offenbar mehr geschätzt als von Mörike selbst, der keine einzige aufgehoben hat, obwohl er sie schriftlich auszufertigen gewohnt war. In der Kinderlehre wusste er sein Erzähltalent zur Geltung zu bringen, und es heißt anerkennend, man habe das Rauschen der Palmen im Heiligen Lande vernommen, wenn er die biblischen Geschichten nacherzählte. Und der pastorale Kontakt eines Landpfarrers zu seinen Gemeindegliedern ist ihm auch nicht schwer gefallen, er machte Besuche und bestritt selbstverständlich das beiläufige Gespräch auf der Straße, das er selbst einmal (1838), natürlich entsprechend stilisiert, in einem kleinen Dialog-Gedicht festgehalten hat:

PFARRER:
Wie mögt ihr nur so bang um eure Nahrung sorgen!
Da seht die Vögel unterm Himmel an!
Fragt einer euch: ›Was ess' ich heut' und morgen?‹
Keiner verhungert, seht! dafür ist Gott der Mann.
Wenn nun der Herr des Sperlings Schrei erhört,
Seid ihr nicht mehr denn alle wert?
BAUER:
Ganz gut, Herr Pfarr'! Doch, wenn's Euch nicht erbost:
Beim Licht besehn, ist das ein – Vogeltrost.

Der Aufmerksamkeit Mörikes für das Naheliegende, wenn auch Unscheinbare entging schon bald nach seiner Ankunft in Cleversulzbach nicht, dass der Kirchhof eine »denkwürdige Ruhestätte« enthielt, nämlich das Grab von Schillers Mutter. Es war ganz unauffällig und mit keiner Inschrift versehen, und Mörike betrachtete es als seine Pflicht der »Heiligenpflege«, die Würde der

Grabstätte herzustellen. Einen ausführlichen Bericht davon hat er im Brief vom 30. Juni 1837 an Hermann Kurz gegeben, später, am 29. September 1859, auch an den Schiller-Verein in Marbach.

Nachdem er den Grabhügel mit Erde hatte aufwerfen und mit Blumen bepflanzen lassen, schaffte er ein abseits in der Erde versunkenes Steinkreuz herbei, grub eigenhändig die zwei Worte »Schillers Mutter« hinein und errichtete es über dem Grab. An Schillers Schwester Luise Franck, die als Pfarrfrau zuvor das Cleversulzbacher Pfarrhaus bewohnt und ihre Mutter 1802 zu sich genommen und bis zu deren Tod im selben Jahr gepflegt hatte, schreibt Mörike am 1. Januar 1835: »So lange ich hier wohne, und gewiß auch nachher, soll es mit jedem neuen Frühlinge dem teuren Grabe nie an frischen Blumen fehlen.« Überdies hat er den Ort mit dem Gedicht AUF DAS GRAB VON SCHILLERS MUTTER auf seine persönliche Weise gewürdigt.

Man kann den ganzen Umstand für einen Akt von Pietät halten. Für ein Totengedenken, das nach der würdigen Form sucht und einen sinnlichen Erinnerungsanhalt braucht. Und man kann Mörikes besondere Verehrung für Schiller (man denke etwa an seine begeisterte Lektüre des Briefwechsels zwischen Goethe und Schiller) wiederfinden darin. Aber entscheidender dürfte doch die liebevolle Achtung der Mutter sein. Und angesichts der Grabstätte von Schillers Mutter spielt hintergründig sicher auch das Bild der eigenen herein. Die Mutter soll man nicht gleichgültig vergessen, wie dieses Grab vergessen war, ohne einen Namenszug oder sonstige Zeichen des Erinnerns. Und so war es am Ende nur folgerichtig, wenn Mörike nach dem Tod seiner eigenen Mutter im Jahr 1841 entschied, sie solle auf dem Kirchhof von Cleversulzbach neben Schillers Mutter beerdigt werden, »ganz dicht bei jenem Grabe, das wir so sehr verehren«, wie er an Hartlaub schreibt. – Man findet heute die Grabstätte der beiden Frauen nach wie vor auf dem Friedhof am Ortsrand, schön gestaltet und gepflegt, die beiden Steinkreuze nebeneinander, das eine beschriftet mit »Charlotte Mörike«, das andere mit »Schillers Mutter«, beide überragt von einer jungen Linde.

Totengedenken und Totenruhe sind eines, das Rätsel um allerlei Zeichen und Mitteilungen von unruhigen Toten ist ein anderes. Aber auch damit hat Mörike sich befasst in Cleversulzbach, und es bildet ein besonderes und recht merkwürdiges Kapitel. Denn Mörike war der festen Überzeugung, dass es im Pfarrhaus spukte. Da trieb, natürlich mit Vorliebe bei Nacht, ein Totengeist sein Unwesen, um die Bewohner, also nicht Mörike allein, sondern auch die Schwester Klara, den zu Besuch im Hause weilenden Bruder Karl, sogar die eher skeptisch gestimmte Mutter und bei Gelegenheit auch den anwesenden Vikar zu behelligen. Das fing nicht lange nach dem Einzug 1834 an, und Mörike berichtet darüber. Erst verhalten in Briefen, aber dann detailliert in einem Diarium für die Zeit zwischen August und November 1834, das in Justinus Kerners MAGIKON von 1842 erschien. Da ist von unerklärlichem Fallen und Rollen die Rede, von Lichterscheinungen, dumpfem Klopfen an der Tür, das von Seufzern begleitet wird, von Erschütterungen auf dem Dachboden, einem plötzlichen Knall wie von einem Pistolenschuss, von schleichenden und polternden Schritten auf dem Gang, grellen Lichtreflexen an der Wand und anderem mehr. Das wird von Mörike alles nüchtern protokolliert, ohne Kommentar und ohne emotionale Tönungen.

Dies entsprach sicher dem wissenschaftlichen Interesse Kerners, der auf diesem Gebiet, das nach allgemeiner Einschätzung ein Tummelplatz für überspannte Phantasien und für subjektive Spinnereien war, eine größtmögliche Objektivität anstrebte. Kerner hatte ja als Arzt in Weinsberg eine nicht wenig angefochtene Autorität und Berühmtheit bei der Behandlung psychischer Erkrankungen erworben. Die Geschichte der SEHE-

RIN VON PREVORST hat er selbst dokumentiert und danach das MAGIKON herausgegeben, das den Untertitel »Archiv für Beobachtungen aus dem Gebiete der Geisterkunde und des magnetischen und magischen Lebens, nebst andern Zugaben für Freunde des Innern« führte und das sich vornahm, »bezeugte Beobachtungen von einem Hereinragen einer Geisterwelt in die unsere« zu liefern. In Kerners Haus fanden sich Patienten aller gesellschaftlicher Schichten ein, auch solche aus dem europäischen Adel, und der bekannteste unter ihnen war der Dichter Nikolaus Lenau. Sie alle erhofften sich Linderung, wenn nicht Heilung ihrer wahnhaften oder somnambulen Symptome und vertrauten auf Kerners magnetische und hypnotische Verfahren, weil keine anderen vorhanden waren. Die Behandlungsmethoden in Weinsberg blieben freilich umstritten und ihre Erfolge begrenzt.

Mörike unterhielt Kontakte zu Kerner, einmal in dessen Eigenschaft als romantischer Dichter, zum andern wegen seiner Aufmerksamkeit für die geheimen Nachtseiten des Lebens. Und eben diese hat Mörike bereitwillig konstatiert. Er hat die Erscheinungen im Cleversulzbacher Pfarrhaus mit allen Anzeichen von Korrektheit zu Protokoll genommen, weit davon entfernt, sie als Material für eine spekulative Weltanschauung zu verwenden. Dass es dergleichen gibt, war ihm keineswegs zweifelhaft, dazu dienten ihm die Belege aus eigener Erfahrung. Aber dass hier Rätselhaftes zum Vorschein komme, das sich einer vernünftigen Erklärung entzieht, war ihm ebenfalls gewiss, und vielleicht hat er das Entscheidende, was in seinem Sinne dazu zu sagen war, der Kornelie am Ende seines Märchens DER SCHATZ in den Mund gelegt, als sie nach den mancherlei Geister- und Spukerscheinungen dort bemerkt: »Es will mir doch zugleich gefallen, dass von den geisterhaften Dingen, die wir ahnen, der letzte Schleier nicht hinweggenommen werde. Sie würden einem fast, deucht mich, zu wirklich und zu nahe und wären wenigstens mit einer heitern Darstellung, wie diese doch im ganzen war, kaum zu vereinigen.« Einer, der mit alledem, was so okkult und irrational daherkam und Ernsthaftigkeit beanspruchte, überhaupt nichts anzufangen wusste, war David Friedrich Strauß. Er war Mörike freundschaftlich verbunden, in jungen Jahren schon und auch in der späten Zeit, hat Mörikes Dichtung bewundert und seinerseits zu fördern versucht, aber dessen Nähe zu Kerners Reich der Totengeister und entsprechende poetische Exkursionen dorthin, wie sie im SCHATZ etwa erfolgten, hat er nur mit Kopfschütteln quittiert. Wie für Mörike eine poetische Phantasie, so war für Strauß eine kritische Rationalität kennzeichnend, und die brachte er 1835, ein Jahr nach Mörikes Pfarramtsbeginn in Cleversulzbach, auf den Punkt.

Damals veröffentlichte er sein LEBEN JESU, ein Buch, das sehr schnell Furore machte, nicht allein in der Theologie, sondern auch in einer breiteren Öffentlichkeit. Denn Strauß schlug wie mit feurigem Schwert tiefe Schneisen in den Überlieferungsbestand der Evangelien und rodete ohne Nachsicht, was seiner Auffassung nach den Maßstäben einer historischen Kritik nicht standzuhalten vermochte. Was in den biblischen Berichten über Jesus an Legenden und Mythen zusammenkommt, drängt nach Strauß das historisch Glaubwürdige auf ziemlich kleine Reste zurück. Alle Wundererzählungen, die Geburtsgeschichte des Christus, seine Verklärung, die Auferstehung, dies und anderes mehr sind Stoffe, die zum Gebiet der Sagen und Mythen gehören, nicht der Geschichte. Die Kriterien, die er bei seiner Untersuchung anlegte, waren streng, die Analyse scharfsinnig, das Urteil radikal. Nach Albert Schweitzer, der Strauß ebenso gewürdigt wie theologisch hinterfragt hat, war es ein Werk der wissenschaftlichen Weltliteratur: »über vierzehnhundert Seiten, und kein Satz zuviel«. Und dann: das Buch »machte ihn über Nacht zum berühmten Mann … und

Justinus Kerner,
Ölgemälde von Julius Hamel um 1855

vernichtete seine Zukunft«. Die Allianz der Rechtgläubigen formierte sich rasch gegen ihn und hatte ihn alsbald aus seiner Repetentenstelle im Tübinger Stift entfernt. Und alle weiteren Anstrengungen liefen darauf hinaus, den angeblich falschen Propheten mundtot zu machen und ihm kein Podium mehr für seine Häresien zu gewähren.

Nach heutiger Sicht ist Strauß nicht ein Betriebsunfall, sondern ein notwendiger Fall der Theologiegeschichte gewesen. Er hat einer vordergründig naiven und erst recht einer fundamentalistischen Evangelienlektüre den Boden entzogen. Wenn nur gilt, was historisch nachweisbar ist, kann in der Tat nicht mehr allzu viel gelten, was in den Evangelien steht. Das hat Strauß akribisch herausgearbeitet. Aber genau an diesem Punkt teilt er auch auf verblüffende Weise die Grundüberzeugung seiner Gegner, die besagt: was wahr ist, muss historisch sein. Nur die Folgerungen aus diesem Grundsatz sind extrem gegensätzlich. Denn nun schließen die sogenannten Bibeltreuen: sollen alle Aussagen und Berichte in den Evangelien wahr sein, dann müssen sie auch alle historisch sein. Und Strauß kommt genau zum umgekehrten Schluss: nur das Wenige, das in den Evangelien als historisch gelten darf, ist wahr.

Diese stillschweigend von beiden Seiten angenommene Kongruenz von Historizität und Wahrheit ist nun aber längst überholt und überwunden. Und was Strauß als »mythisch« in den Evangelien erkennt, kann zwar weiter keinen Anspruch auf historische Zuverlässigkeit erheben, wohl aber auf Wahrheit. Das Wahre steckt eben nicht allein in den Fakten, dort vielleicht sogar am wenigsten. Sofern es mit Sinn, mit Bedeutung, mit Tiefenwahrnehmung und Transzendenz zu tun hat, vermittelt es sich weit stärker in dem, was wir Mythen nennen oder auch Legenden, also in der Sprache von Erfahrung, Lebensdeutung und Empfindung, kurz: im Poetischen.

In diesem Medium bewegte sich Eduard Mörike ohnehin, vor dem Eklat, der mit dem LEBEN JESU des David Friedrich Strauß ausbrach, und ebenso danach. Und es dürfte gerade diese existentielle und hermeneutische Verwurzelung im Poetischen gewesen sein, die Mörike auf das Straußsche Feuerwerk so ganz anders reagieren ließ als die mehrheitliche Theologenzunft und das Kirchenvolk sonst. Denn Mörike nahm zwar zur Kenntnis, was Strauß vorgelegt hatte, dies jedoch ohne alle Aufgeregtheit. Er beobachtete es mit Gelassenheit und sogar mit Humor.

In einem Brief vom Dezember 1837 äußert er sich Vischer gegenüber, er sehe den Straußschen Bewegungen »mit dem größten Anteil zu«, halte ihn für einen tapferen und feinen Geist und verfolge seine Streitschriften mit Freude. Im übrigen nehme

Strauß mit seiner Evangelien-Kritik doch nur der allgemeinen Christenheit weg, was ihm – Mörike – und Tausenden sonst schon längst weggenommen sei, und es könne bloß die Frage sein, wie sich »der unvernünftige Haufe« bei dem nun »landkundig werdenden theologischen Bankerott« beruhigen werde.

Diese Briefstelle gehört zu den verschwindend wenigen, in denen Mörike für einen Augenblick den Vorhang über sein theologisches Denken ein wenig hebt. Die Bemerkung vom »theologischen Bankerott«, die ihm hier in die Feder fließt, klingt nicht wie eine beiläufig hingeworfene Floskel. Eher wie eine bittere Bilanz. Eine verheerende Bilanz der zeitgenössischen Theologie und eine Bilanz seines persönlichen unglücklichen Verhältnisses zu ihr. Innerlich hatte ihn diese Theologie niemals wirklich erreicht. Er kannte einigermaßen, was auf den Kathedern gelehrt wurde, sei es in der supranaturalistischen oder der rationalistischen Spielart, die beide nicht auf dem Boden des unmittelbar gelebten Lebens ankamen, und er fand sich in beiden Richtungen nicht wieder. Und eine dritte, die stärker seiner Intention zu einer poetischen Wahrnehmung und Deutung des Daseins entgegengekommen wäre, gab es nicht. Von einer derart »bankerotten« Theologie also war nichts zu erhoffen. Und das musste einen Pfarrer, zumal dort, wo er nach herrschendem Verständnis vor allem Theologie zu vermitteln hatte, nämlich bei der Predigt, in einige Verlegenheiten bringen, so dass es zu einem guten Teil Mörikes bleibende Unlust gerade zu dieser pastoralen Aufgabe erklärt. Durchzuhalten war sie überhaupt nur auf der Grundlage von Kompromissen, auch wenn die im einzelnen nicht glücklich machen konnten, wie Mörike selber einräumt. Er hat sich entschieden, sein kirchliches Amt und seine persönliche Überzeugung strikt voneinander zu trennen. Was er persönlich glaubte, und zwar unabhängig vom theologischen Kahlschlag, den Strauß nicht erst angefangen, aber effektvoll zu Ende gebracht hatte, das kam nicht auf die Kanzel. Es war eine Sache seines Herzens, die allenfalls in einen Brief einging oder hier und da in ein Gedicht. Das andere aber, was er seiner »öffentlichen Stellung als Geistlicher« schuldig war, vertrat er mit Rücksicht auf die »Unmündigkeit des Volks«, welches in seinem Glauben zu verunsichern nicht sein Interesse sein sollte, und im Blick darauf, dass »auch der Gebildete und Wissende gern seine Andacht an die von Kindheit auf gewohnten Vorstellungen und Formen« knüpft. – Das war Mörikes pastoraltheologischer Weg, der sich erkennbar nicht zuerst an den vorgegebenen Inhalten, sondern an den menschlichen Bedürfnissen, nicht an der wissenschaftlichen Theologie, sondern am Glaubens- und Lebensvermögen der Gemeinde orientierte. Und auf dieser Ebene konnte er die historisch-kritischen Aufklärungen seines Freundes Strauß und den ganzen aufgeregten Rummel um sie her mit durchaus souveräner Gelassenheit betrachten und – ad acta legen.

Dass er dies obendrein mit Humor tat, bestätigen die köstlichen Verse, die in seinen WISPELIADEN, einer Sammlung von allerlei Kauzigem aus dem Umfeld seiner Phantasiefigur Wispel, aufgehoben sind:

(Die Tübinger Professoren)
… Steudel, Bahn- und Eschenmaier
Lieben keine Straußen-Eier.
Aber schröcklich ists zu hören,
Strauß will durch sein Teufels-Werk
Die Unsterblichkeit zerstören,
Auch sogar in Würtemberg!
Dieses zeigt doch mehr und minder
Einen ganz verstockten Sünder!
Strauß und Osiander
Müssen beide sterb',

David Friedrich Strauß,
Photographie von Friedrich Brandseph 1865

Einer wie der ander,
  Trotz der Christoterp'!
Glaubt nur, dass die Hölle drüben
Euch mit gleichem Recht verschluckt,
Denn der eine hats geschrieben
Und der andre hats gedruckt!

Wozu nur noch die Anmerkung gehört, dass Osiander in Tübingen der Verleger von Strauß war und außerdem das erbauliche Taschenbuch für christliche Leser CHRISTOTERPE (zu Deutsch: »Freude an Christus«) herausgegeben hat.

Angesichts der Tatsache, dass Mörikes dichterisches Werk im Ganzen nicht sehr umfangreich gewesen ist, dürfen die Jahre in Cleversulzbach zu seinen produktiven gezählt werden. Er hat dort eine ganze Reihe von Gedichten geschrieben, darunter so bekannte und schöne wie AN EINE ÄOLSHARFE, BEI TAGESANBRUCH, TROST, EIN STÜNDLEIN WOHL VOR TAG, DER KNABE UND DAS IMMLEIN und SCHÖN-ROHTRAUT. – Daneben hat er sich als Librettist für eine Oper, DIE REGENBRÜDER, versucht, die nach umständlichen, vor allem die Komposition betreffenden Vorbereitungen auch endlich 1839 in Stuttgart uraufgeführt wurde, ohne ein Erfolg zu werden. Mörike selbst war bei dem Ereignis nicht einmal anwesend. Er hatte die Auftragsarbeit zu dieser Märchen-Oper mit ambivalenten Gefühlen erledigt und zuletzt sogar den Freund Hermann Kurz eingespannt, um die Sache vollends über die Bühne zu bringen. Es geht um Liebe, Zauber und Erlösung, bleibt aber inhaltlich wie stilistisch deutlich unter Mörikes Niveau. Er selbst hat das Stück bereits 1837 als Arbeit von »untergeordnetem Wert« beurteilt.

Das sieht bei erzählerischen Stücken aus dieser Zeit deutlich anders aus. Hervorzuheben ist DER SCHATZ, im Jahre 1836 erstmals erschienen, später mit dem Untertitel NOVELLE versehen, obwohl es sich der Form und dem Gehalt nach genauer um ein Märchen handelt. Technisch arbeitet Mörike bei diesem Märchen ähnlich wie im MALER NOLTEN, mit vielfältig verschachtelten Erzählelementen, einer Rahmen- und Haupterzählung, mit Einschüben und Rückblenden. Aber der Stoff ist ein ganz anderer. Da sprüht die Phantasie des Dichters, zaubert skurrile Geschichten hervor, entwirft geheimnisvolle Szenarien, zeichnet merkwürdige, teils der realen, teils einer Geister- und Märchenwelt zugehörige Gestalten und versteht es, mit Witz und mit Spannung den Leser zu fesseln. Ähnlich wie später im HUTZELMÄNNLEIN ist es auch hier ein Glückskind, das, mit verschiedenen glückverheißenden Zeichen ausgestattet, das wirkliche Glück erst finden muss, das vordergründig in einem entdeckten und gehobenen Dukatenschatz, aber im wesentlichen doch in der gefundenen Geliebten besteht.

Benachbart in seiner zeitlichen Entstehung (1838) ist das im Umfang viel knappere Märchen DER BAUER UND SEIN SOHN, das auch sprachlich an Grimmsche Märchen erinnert. Es ist eine Geschichte von menschlicher Rohheit und Liebe, in der ein Bauer brutal sein Pferd schindet, das jedoch, von der Liebe des Sohnes in die Obhut eines Engels überführt, zu höchsten Ehren kommt, gemeinsam mit dem Bauernsohn. David Friedrich Strauß hat es – auf seine Weise und zugleich ausgesprochen modern – ein »Märchen gegen Tierquälerei« genannt.

Schließlich hat Mörike 1838 in Cleversulzbach sein MÄRCHEN VOM SICHERN MANN fertiggestellt: eine mythische Posse, die in würdigen Hexametern einhergeht und doch einen einzigen Spaß zum Gegenstand hat. Grundlegend ist der Widerspruch zwischen der niederen materiellen Kraft und der hohen Schönheit des Geistes. Jene erscheint personifiziert in der riesenhaften Urgestalt des »sichern Manns«, diese in der olympischen Götterversammlung. Verlockt, die Geisteswelt der Götter zu erreichen, kann der tölpelhafte Grobian nur erbärmlich scheitern und sich vor dem Forum der Himmlischen lächerlich machen. Mörike hat das mit viel guter Laune erzählt und dabei auch durch Verwendung des klassischen Versmaßes unterstrichen, dass das Spiel des Geistes herrlich unerreichbar bleibt von aller Anstrengung, es mit roher Kraft zu erzwingen.

Im September 1843 hat Mörike Abschied genommen. Von Cleversulzbach und vom Pfarramt überhaupt. Da war er gerade 39 Jahre alt. In mehreren Eingaben zuvor an die Kirchenleitung hatte er argumentiert, er könne die Pfarramtsgeschäfte nur mit Hilfe eines Vikars erfüllen, und man hatte dem stattgegeben, aber doch nicht unbegrenzt. Im November 1842 erreicht ihn ein Erlass, der ihn auffordert, seinen einstweiligen Ruhestand zu beantragen, bis seine Kräfte wiederhergestellt seien. Mörike antwortet am 8. Dezember, dass er seiner Aufgabe in der Gemeinde weiter nachkommen möchte, und bittet nochmals um Amtshilfe durch einen Vikar bis Ostern 1843. Doch weil sich seine Verhältnisse, namentlich in gesundheitlicher Hinsicht, nicht wirklich bessern, ist es im Juni 1843 so weit. Mörike erkennt, dass er aufgeben muss. In einem ausführlichen Schreiben an den König vom 3. Juni bittet er »um allergnädigste Enthebung vom Predigtamt und huldvolle Verleihung einer Pension«. Als Begründung führt er seine gesundheitlichen Schwächen an, »Blutandrang nach dem Kopfe, Schwindel, Kopfschmerz, ein heftiges, nicht selten die Sprache hinderndes Herzklopfen«, dies und anderes mehr, das keine Aussicht auf grundlegende Besserung erlaube.

Interessanterweise fügt er »nicht ohne Grund« hinzu, dass er bei seiner »innerlich entschiedenen Liebe zur Sache« des Pfarramts bleibe, was solche, die ihm nahe stünden, bezeugen könnten. Dies galt dem Verdacht, er habe nichts anderes betrieben, als das leidige Pfarramt so oder so loszuwerden. Der Verdacht mochte im Stuttgarter Konsistorium gehegt werden, vielleicht. Offen ausgesprochen, und zwar Mörike selbst gegenüber, hat ihn jedoch Justinus Kerner, der Mörikes Amtsniederlegung überhaupt nicht einsehen und billigen wollte. Mörike antwortet mit einem Brief vom 23. Juni 1843, der »einigen Verdruss« über Kerner zum Ausdruck bringt. Dessen Unterstellung, sein Abschied aus dem Amt sei zum einen auf die bekannte Hypochondrie und zum andern auf »Abneigung gegen den geistlichen Stand« zurückzuführen, weist er entschieden ab. Und mit erkennbarer Verbitterung hält er fest: »Vergebens werd ich Sie versichern, dass ich diesen Beruf, obschon es vielleicht einen andern gab, für den ich mehr geschaffen war, gleichwohl, was die ersten inneren Bedingungen und die Sache selbst betrifft, um die es sich darin handelt, mit erneuerter Liebe ergriffen und Alles abgewiesen hatte, was ich von meiner anderweitigen Tendenz mit diesem Amte nicht vereinigen kann. Befragen Sie nur Freund Strauß darüber, der mich auf den Punkt kennt.« Das klingt glaubwürdig. Und es schlägt mehr den Ton einer Richtigstellung als den einer Rechtfertigung an. So äußert sich niemand, der unter allen Umständen den pfarramtlichen Dienst hinter sich bringen möchte. Und der ausgesprochene Verdacht wirkt denn auch auf Mörike eindeutig verletzend. In den Anfängen seines Vikariats mochte er von einem Hang zum Desertieren getrieben worden sein, aber jetzt nicht mehr. Die »inneren Bedingungen« für den Pfarrdienst, also das persönliche Verhältnis zum christlichen Glauben, nimmt er vehement für sich in Anspruch. Das will er nicht von anderen in Zweifel gezogen sehen, auch von Justinus Kerner nicht. »Die hie und da schon ausgesprochene Vermutung«, schreibt er im August an Lohbauer, »als ob mich ein inneres Missverhältnis zum Christentum hiezu bewege, ist ein völlig grundloser und dummer Verdacht.«

Die Kirche stattet den Frühpensionär mit einem bescheidenen Ruhegehalt aus, 280 Gulden im Jahr. Keine Summe, mit der große Sprünge zu machen wären. Aber auch die kleinen erforderten, dass der Pensionsempfänger dies und das hinzuverdiente, durch Honorare, gelegentliche Nebeneinkünfte. Mörike hat allerlei versucht in dieser Hinsicht, aber es ist ihm nicht viel geglückt. Vorerst schlüpfte er – bis ins Frühjahr 1844 – zusammen mit Klärchen, seiner von ihm unzertrennlichen Schwester, bei Freund Hartlaub und seiner Familie unter, im Pfarrhaus von Wermutshausen, nahe Mergentheim.

Mörikes Humor

»Mörike sprudelte von Witzen«, notiert Ludwig Bauer in einem Brief an Hartlaub 1829. Das konnte er offenbar: unterhaltsam und witzig sein, und dies keineswegs nur als junger Mensch. Aber Witz ist eines, Humor ein anderes. Der Witz ist ein Funkeln des Verstandes, der Humor eine Ausstrahlung des Herzens. Witz kann verletzen. Humor hat immer etwas Versöhnliches, so dass das Zusammensein mit einem humorvollen Menschen leicht und wohltuend zu sein pflegt.

Mörike war zweifellos ein humorvoller Mensch und hat das in seinem alltäglichen Leben und in seiner Korrespondenz, aber ebenso in seiner Dichtung bestätigt. Das bedeutet nicht nur, dass er einen ausgeprägten Sinn für komische Situationen besaß, sondern weiter, dass für seinen Zugang zum Wirklichen jene drei Elemente maßgebend waren, die das Wesen des Humors ausmachen: das *Spielerische*, das *Sensible* und das *Transzendierende*.

Das *Spielerische* gehört zum Humor, weil es die Dinge zum Tanzen bringt und gern in neuen, unverhofften Farben und Formen präsentiert, was so festgelegt und grau nicht sein darf, wie häufig angenommen wird. Darum ist Mörikes Dichtung voll von Beobachtungen und Ereignissen, die einem blanken Realismus trotzen und einem Möglichkeitssinn folgen, der mit der Wandelbarkeit alles Wirklichen und deshalb mit Überraschendem rechnet.

Das *Sensible* ist ebenfalls ein Element des Humors, weil es ihm existentielle Tiefe verleiht und ihn vom lediglich Lustigen unterscheidet. Bloß Lustiges will von der Härte und vom Schmerz des Lebens nichts wissen. Es nimmt erklärten Abstand davon und erlaubt sich einen Freiraum des Unbeschwerten. Im Humor dagegen, und in Mörikes Humor ganz ausdrücklich, lebt die Sensibilität für das Schwere und Schmerzliche des Lebens mit. Humor ist nicht die Methode, dies alles zu meiden; sondern die Art, es zu bearbeiten und zu bewältigen. Exakt lässt Mörike den Schauspieler Larkens im NOLTEN-Roman sagen, was seiner persönlichen Überzeugung und seinem eigenen Naturell entsprochen hat, nämlich »dass seine humoristische Stimmung jederzeit nur die günstige Krise eines schmerzhaft bewegten und gedrückten Gemütes war«. Das genau ist Mörike selbst! Sein Humor ist die andere Seite seiner Schwermut und sein Lachen – auch und wahrhaftig das Lachen über sich selbst – schafft den Ausgleich, der stark genug ist, einen möglichen Untergang in Unglück und Traurigkeit zu verhindern. Was schwer erscheinen will, wird dadurch nicht einfach leicht genommen. Aber es kann neu beleuchtet, spielerisch verwandelt und insofern auch in seinen befreiend komischen Anteilen erkannt werden.

Das *Transzendierende* als drittes Element im Wesen des Humors ist in den beiden ersten bereits gegenwärtig. Gemeint ist damit die Grundüberzeugung, dass die Welt der Erscheinungen nicht die ganze und vollkommene Welt darstellt. Deshalb kommt keinem Ding, keiner Erscheinung, keinem Geschehen ein absoluter Ernst zu. Absoluter Ernst wäre tödlicher Ernst. Er machte so Ernst mit dem Leben, dass ihm keine Hoffnung bliebe. Allerdings: auch Mörike stellt sich mit seinem Humor dem ganzen Ernst des Daseins. Aber er unterstellt sich ihm nicht. Er kann ihn statt dessen humorvoll relativieren, weil ihm eine Perspektive der Hoffnung eigen ist bei allem Betrachten der Wirklichkeit. Die Welt ist eine Bühne, wir proben darauf unser Leben, und »es ist noch nicht erschienen, was wir sein werden« (1. Joh 3,2). Das ist grundlegend für Mörikes Humor.

Er kommt zum Ausdruck im ALTEN TURMHAHN von Cleversulzbach, der aus seinem Dienst kaltschnäuzig verabschiedet und auf den Schrottplatz geworfen wurde und der nun eine fröhliche Auferstehung erfährt und die kleine Welt um sich herum humorvoll-gelassen betrachten kann. Und in dieser kleinen Welt sieht er den Dorfpfarrer Mörike, der mit dem Predigtmachen so seine liebe Not hat:

> Freitag zu Nacht, noch um die neune,
> Bei seiner Lampen Trost alleine,
> Mein Herr fangt an sein Predigtlein
> Studieren; anderst mag's nicht sein;
> Eine Weil' am Ofen brütend steht,
> Unruhig hin und dannen geht:
> Sein Text ihm schon die Adern reget;
> Drauf er sein Werk zu Faden schläget.
> Inmittelst einmal auch etwan
> Hat er ein Fenster aufgetan –
> Ah, Sternenlüfteschwall wie rein
> Mit Haufen dringet zu mir ein!

Und man ahnt und fühlt mit, wie der predigtgeplagte Mörike jetzt in seinem natürlichen Element sich hingibt an die Schönheit der Nacht. Aber man erfährt doch auch, wie der Pfarrer sich wieder auf seine Pflicht besinnt und akkurat nach geltender Predigtlehre verfährt:

> Zu schreiben endlich er sich setzet,
> Ein Blättlein nimmt, die Feder netzet,
> Zeichnet sein Alpha und sein O
> Über dem *Exordio*.

Der Turmhahn schaut weiter teilnahmsvoll zu, wie der Pfarrer sich müht,

> ... wie er, mit Blicken steif ins Licht,
> Sinnt, prüfet jedes Worts Gewicht,
> Einmal sacht eine Prise greifet,
> Vom Docht den roten Butzen streifet ...
> Gemachsam kämen wir also
> Bis Anfang *Applicatio*.

Das wäre nun der eigentliche Predigt-Hauptteil, und es hat Zeit gebraucht und gedauert bis zu dessen Anfang – und was jetzt?

> Indes der Wächter elfe schreit.
> Mein Herr denkt: es ist Schlafenszeit;
> Ruckt seinen Stuhl und nimmt das Licht;
> ›Gut' Nacht, Herr Pfarr!‹ – Er hört es nicht.

Humor beginnt mit solcher Fähigkeit, über sich selbst zu lächeln und eigene Besonderheiten oder Beschwernisse, zu denen Mörikes Predigt-Trauma jedenfalls gehörte, in einem erheiternden Spiegel anzusehen. Seinen Pfarrersfreund Hartlaub kann er einmal bitten, »für die Sonntage von Ostern an ein Dutzend« seiner Predigten zu schicken, wahrhaftig gleich ein Dutzend, und hinzufügen, indem er den möglichen Einwand schwerer Lesbarkeit der Manuskripte von vornherein ausräumt: »Was die Handschrift anbelangt, so haben ja die Diebe gute Augen.«

Humor beweist Mörike im Blick auf die eigene Person zum Beispiel auch in dem Gedicht DER PETREFAKTENSAMMLER, wo er seiner vor allem in den Cleversulzbacher und Mergentheimer Jahren entwickelten Leidenschaft für Mineralien und Versteinerungen nachgeht:

> Auf dem Boden Hand und Knie,
> Kriecht man fort, o süße Müh'!

Und besonders köstlich erscheint das im Gedicht WALDPLAGE. Da erzählt er, wie er sich mit Klopstocks Oden in die Einsamkeit zurückzog (»Im Walde deucht mir alles miteinander schön«), um sich ganz der Natur und der hehren Poesie zu widmen, bis er von Schnaken heimgesucht und belästigt wird:

> Nun aber hatte geigend schon ein kleiner Trupp
> Mich ausgewittert, den geruhig Sitzenden;

Mir um die Schläfe tanzet er in Lüsternheit.
Ein Stich! der erste! er empört die Galle schon.
Zerstreuten Sinnes immer schiel' ich übers Blatt …

Es ist der komische Kontrast zwischen der Feierlichkeit Klop-
stockscher Oden und der Banalität peinigender Schnaken, der
Mörike zu diesem humorvollen Gedicht anregt. Denn im
Wettstreit um die Aufmerksamkeit des Einsamen im Walde
siegen bei weitem die kleinen Plagegeister, und Klopstocks Oden
dienen gerade noch dazu, als Waffe gegen sie zum Einsatz
gebracht zu werden:

> Ich hielt geöffnet auf der flachen Hand das Buch,
> Das schwebende Geziefer, wie sich eines naht',
> Mit raschem Klapp zu töten. Ha! da kommt schon eins!
> ›Du fliehst! o bleibe, eile nicht, Gedankenfreund!‹
> (Dem hohen Mond rief jener Dichter zu dies Wort.)
> Patsch! Hab ich dich, Canaille, oder hab ich nicht?
> Und hastig – denn schon hatte meine Mordbegier
> Zum stillen Wahnsinn sich verirrt, zum kleinlichen –
> Begierig blättr' ich: ja, da liegst du plattgedrückt,
> Bevor du stachst, nun aber stichst du nimmermehr,
> Du zierlich Langebeinetes, Jungfräuliches!

Humor lässt im Märchen DER SCHATZ die komische Figur des
winzigen Feldmessers erstehen, der, »nicht größer als ein Dattel-
kern« und zur Gattung der Elfen gehörig, sich auf einer großen
Europa-Landkarte aufhält (»er stand wie angeklebt auf der Karte,
just an der südlichen Grenze von Holland«) und um ein Haar in
den Rhein geplumpst wäre. Im selben Märchen wird das Auftreten eines gefährlichen Scharlachfiebers sozusagen humorvoll
dadurch entschärft, dass eben diese Febris scarlatina, wie der
medizinische Fachausdruck lautet, als die »Fee Briscarlatina«

Eduard Mörikes Turmhahn,
Photographie von Mathias Michaelis

personifiziert erscheint. Und der Turmhahn von Jünneda, der
märchenhafte Vorläufer des späteren Cleversulzbacher Turm-
hahns, der mitsamt der Uhrtafel vom Kirchturm als Zielscheibe
beim Wettschießen des Elfenvolks der Waidefeger herhalten
muss, bekommt, allen menschlichen Kirchenräten zum Nachdenken, am Ende den »Titel und Rang eines geheimen Wetter-
und Kirchenrats gnädigst verliehen«.

Voll Humor ist Mörikes IDYLLE VOM BODENSEE mit ihren
burlesken Szenen sowie das STUTTGARTER HUTZELMÄNNLEIN. Und
wenn man obendrein noch das MÄRCHEN VOM SICHERN MANN
bedenkt, dieses kleine Hexameter-Epos, das vom urtümlich-

ungeschlachten Riesen Suckelborst erzählt, der, vom »schelmischen Gott« Lolegrin angestiftet, mit seinen gewaltigen Muskel- und geringen Geisteskräften den Toten drunten im Schattenreich alles Schöpfungswissen, also eine Art Theogonie, offenbaren soll, was in einem homerischen Gelächter der olympischen Götter endet, dann fällt auf, dass alle diese Stücke erst in Mörikes später Schaffensperiode entstanden sind.

An einigen Stellen nimmt sein Humor allerdings auch den schärferen Geschmack der Satire an. Und das geschieht vor allem, wenn er auf die unangenehmen menschlichen Eigenschaften der Gespreiztheit, des übertriebenen Selbstbewusstseins und der Überheblichkeit stößt. Mörike hat darauf geradezu allergisch reagiert und alledem unter der eigenen Wortschöpfung der »Sehrheit« ein satirisches Denkmal gesetzt. Und es wird kaum verwundern, dass er solches »widerwärtige« Gehabe namentlich bei seinen Standesgenossen aufs Korn genommen hat:

Der Herr Vikare
Red't immer das Gute und Wahre,
Es ist ein Staat,
Wie der Herr Flad
Prediget
Und gleichsam die Leute nötiget
Zu dem Wahren und Guten,
Er bekehrt Heiden und Juden;
Nein, auf Ehre,
Wenn nur ich so wäre!

Oder, etwas sanfter im Ton, aber in derselben Zielrichtung:

A
Der biblische Text ist gar nicht schlecht,
Nur sing' ich nach eigenen Noten.

B (*beiseite*)
Ja, untersucht nur seine Kanzel recht:
Sie hat einen doppelten Boden!

Den Typus des »Sehrmanns« mit seiner demonstrativ-selbstgefäl-
ligen »Schrheit« hat Mörike endlich mit scharfzüngigen Versen
(AN LONGUS) bedacht, die, in einem etwas anderen Versmaß
gehalten, auch seinem poetischen Antipoden Heinrich Heine alle
Ehre gemacht hätten. Wir beschränken uns bei dem Ganzen
noch einmal auf eine den kirchlichen Amtsträger betreffende
Passage:

Die Tugend selber zeiget sich in Sehrheit gern.
O hättest du den jungen Geistlichen gesehn,
Dem ich nur neulich an der Kirchtür hospitiert!
Wie Milch und Blut ein Männchen, durchaus musterhaft;
Er wußt' es auch; im wohlgezognen Backenbart,
Im blonden, war kein Härchen, wett' ich, ungezählt.
Die Predigt roch mir seltsamlich nach Leier und Schwert,
(nach Theodor Körners Gedichtsammlung »Leier und Schwert«, 1814)

Er kam nicht weg vom schönen Tod fürs Vaterland;
Ein paarmal gar riskiert' er liberal zu sein,
Höchst liberal, – nun, halsgefährlich macht' er's nicht,
Doch wurden ihm die Ohren sichtlich warm dabei.
Zuletzt, herabgestiegen von der Kanzel, rauscht
Er strahlend, Kopf und Schultern wiegend, rasch vorbei,
Dem duft'gen Reihen tief bewegter Jungfräulein,
Und richtig macht er ihnen ein Sehrkompliment.

Der Lyriker

Da ist Mörike in den zwanziger Jahren eines Tages unterwegs zwischen Nürtingen und Tübingen, rastet in einer Gastwirtschaft, findet auf dem Wandbrett ein altes Gebetbuch, blättert darin und bleibt hängen an einem lateinischen Vers. Acht kurze Zeilen, in welchen ein büßender Beter sich anklagt, die Liebe Jesu nicht erwidert zu haben: Jesu benigne, so beginnt es in schmerzlicher Hinwendung zum Meister und Opfer der Liebe, und es endet mit der Klage:

> Cur non amavi
> Te, Jesu Christe?
> – O frigus triste!

Die Art, wie Mörike diesen kleinen Fund gemacht und was er mit ihm und aus ihm gemacht hat, ist aufschlussreich für sein poetisches Verfahren überhaupt.

Seinem Bruder Karl schreibt er im Februar 1832 ausführlich darüber, weil er ihn dazu bewegen möchte, den lateinischen Vers zu vertonen, den er in die Schlussszenen seines Nolten-Romans einbauen will. Dort nämlich, wo die heillos verstörte Agnes, vom blinden Henni an der Orgel begleitet, eben dieses Bußlied anstimmt. Das lateinische Gebet von Fortunatus, einem Bischof von Poitiers aus dem 6. Jahrhundert, war Mörike zufällig in die Hände geraten, ohne dass ihm sein Ursprung bekannt geworden wäre, und er wird spontan gefangen genommen vom Ausdruck des Schmerzes, den er »unnachahmlich groß und rührend in seiner Einfachheit« findet. Genau diese beiden Momente sind es, die seinem eigenen lyrischen Schaffen zugrunde liegen: die große Empfindung und die Einfachheit ihrer sprachlichen Wiedergabe.

Nicht als ob Mörike Vorlagen benötigt hätte wie diese, um sich poetisch daran zu entzünden. Aber Entdeckungen brauchte er, gar nicht einmal solche, die man als groß oder überwältigend bezeichnen möchte, sondern eher solche im Abseits, im unauffällig Alltäglichen. Hier ist es eine Entdeckung auf dem Regal einer Dorfkneipe, ein anderes Mal die Entdeckung eines ausrangierten Hahns vom Kirchturm, bei SCHÖN-ROHTRAUT ist es die Entdeckung eines seltenen und sofort bei ihm Assoziationen weckenden Mädchennamens aus dem Wörterbuch. Entdeckungen dieser Art sind das Zusammenspiel aus vorgefundenem Gegenstand und kreativer Wahrnehmungsfähigkeit. Ein Ding muss nicht nur ein Ding sein. Es kann zu einem Ding von Bedeutung werden, wenn es im Betrachter etwas auslöst: einen Schmerz oder eine Freude, eine Erinnerung, eine Sehnsucht, ein Erschrecken, eine Andacht, eine Phantasie.

Und dann die Einfachheit. Mörikes größte Leistungen in der Lyrik sind von ausgesuchter Einfachheit, bei unauffällig-virtuoser Handhabung der poetischen Formgesetze. Das Überschwängliche im Ausmalen von Bildern, im Ausdrücken von Gefühlen war seine Sache gerade nicht. Er war in dieser Hinsicht eher nüchtern in der Wahl seiner sprachlichen Mittel, maßvoll bis unterkühlt im Ton. Deshalb kann er sich ausdrücklich abgrenzen von der »Kränklichkeit und Schmerzensprahlerei unserer jetzigen Poesie«, und wenn die gern kolportierte Anekdote aus seinen späteren Jahren auch historisch nicht gesichert sein mag, so ist sie doch trefflich erfunden: Danach soll Mörike eines Abends in Stuttgart mit Emanuel Geibel unterwegs gewesen sein. Und als Geibel sich schwärmerisch entzückt zeigte von den Farbspielen, die die untergehende Sonne an den Flockenwölkchen des Abendhimmels erzeugte, soll Mörike nur lapidar bemerkt haben: »Des heißt mer bei ons Schäfle.«

Die ebenso schlichte wie empfindungsreiche Form hat ihm das lateinische Bußgebet JESU BENIGNE bei der ersten Begegnung ans Herz gelegt. Er hat es ins Deutsche zu übertragen versucht.

Als Nachdichtung, nicht als exakte Übersetzung. Und dabei wird ein weiteres Moment in Mörikes lyrischem Schaffen offenbar: die akribische Sorgfalt in der sprachlichen Gestaltung.

Man hat in Mörikes Lyrik die Musikalität gerühmt, und nicht von ungefähr sind Gedichte schon zu seinen Lebzeiten vertont worden, später in großem Stil namentlich von Hugo Wolf. Man hat ferner gesagt, seine Gedichte seien nicht gemacht, sondern wie von selbst gewachsen, ihm unmittelbar aus der Seele und leicht in die Feder geflossen, weit mehr von Intuition als von Reflexion gesteuert. Das trifft alles zu. Und es verschweigt doch die Beharrlichkeit, mit der Mörike an seinen Versen gearbeitet, korrigiert und gefeilt hat. Kaum eines der herausragenden Gedichte, das er sich nach der Erstgestalt nicht Jahre später wieder vorgenommen und überarbeitet hätte.

Bei der Nachdichtung des Bußgebets Jesu benigne können wir diesen Prozess sehr schön verfolgen, weil Mörike seinem Bruder Karl im einzelnen davon berichtet hat. Im Erstentwurf hatte seine Übertragung gelautet:

> Dein Liebesfeuer,
> Jesu, wie teuer
> Wollt ich es hegen,
> Wollt ich es pflegen!
> Habs nicht geheget
> Und nicht gepfleget
> in meinem Herzen –
> O Reueschmerzen!

Aber dieses Ergebnis befriedigt den Dichter nicht. Vor allem die Schlusszeile – lateinisch: O frigus triste! – erscheint ihm zu »matt«. Er entschließt sich also zur Korrektur der zwei Schlusszeilen, die dann lauten:

Falschheit im Herzen!
O Höllenschmerzen!

Und auch das genügt ihm nicht. Den sinnlichen Eindruck vom Höllenfeuer, in welchem die Gewalt des Schmerzes eingefangen sein soll, will er durch die »stärkste Antithese« bei der eigenen Schuldzuschreibung ergänzen, nämlich:

War Eis im Herzen –
O Höllenschmerzen!

So geht denn das Bußlied in den NOLTEN-Roman ein, freilich noch einmal mit einer kleinen Korrektur, die in der zweiten Zeile den Anruf »Jesu« durch »Ach, Herr!« ersetzt. – Und wenn wir in die Gedichtsammlung hineinschauen, die Mörike in erster Auflage 1838 herausgegeben hat, finden wir die Nachdichtung wieder, aber noch einmal verändert in den Schlusszeilen, die jetzt heißen:

Bin tot im Herzen –
O Höllenschmerzen!

Die Mühe, einem Gedicht die angemessene Form zu geben, in der eine poetische Idee zur Erscheinung kommen kann, widerspricht also keineswegs dem Sachverhalt, dass Mörikes Verse in der Regel den Eindruck spielerischer Leichtigkeit vermitteln. Er hat das selbst einmal schön im folgenden Epigramm zum Ausdruck gebracht:

Hat der Dichter im Geist ein köstliches Liedchen empfangen,
Ruht und rastet er nicht, bis es vollendet ihn grüßt.

Breit ist die Palette der Gegenstände und Motive in Mörikes Lyrik. Er trifft den Volksliedton (EIN STÜNDLEIN WOHL VOR TAG oder SUSCHENS VOGEL) ebenso sicher wie er den Hexameter fließen lassen und sich der strengen Form des Sonetts bedienen kann.

Meisterlich sind einige Balladen, so der bekannte Feuerreiter oder die Geister vom Mummelsee sowie, weniger bekannt,
aber nicht weniger reizvoll, die Schiffer- und Nixenmärchen:

Manche Nacht im Mondenscheine
Sitzt ein Mann von ernster Schöne,
sitzt der Magier Drakone
Auf dem Gartenhausbalkone
Mit Prinzessin Liligi …

Immer sind die Balladen durchwirkt von magisch-geheimnisvol-
len Kräften, bestückt mit phantastischen Figuren, immer ist die
Trennwand zwischen Realität und Fiktion, Traumwelt und Geschichte hauchdünn und voller leicht begehbarer Durchlässe, mit
Ausnahme der einen, der Ballade von Schön-Rohtraut. Die ist
ebenso handlungsarm wie stimmungsreich: Liebesromanze eines
jungen Jägers mit der Prinzessin, eine Sehnsucht und deren
Erfüllung betreffend in der Liebesvereinigung von ständisch
unüberbrückbar getrennten Personen. Und die gleichlautend an
jedem Strophen-Ende wiederkehrende Selbstermahnung »Schweig
stille, mein Herze!« gewinnt im Fortgang der Ballade einen stets
neuen Sinn: vom Stillschweigen des anscheinend chancenlosen
Begehrens über das Verschweigen des gehüteten Liebesgeheim-
nisses bis zum Schweigen des stillen, nicht für die Öffentlichkeit
bestimmten Triumphs.

Und es meldet sich in dieser Verschwiegenheitsmahnung, die
ja trotzdem etwas erzählt von dem, was sie zu erzählen verbietet,
zugleich ein typisches Merkmal in Mörikes Lyrik: das Mittel der
Andeutung. Es ist ein Mittel der kargen Gestaltung. Nichts wird
gesagt, was Leser oder Hörer angesichts des Angedeuteten sich
selbst zu sagen vermögen. Und es ist ein Mittel der poetischen
Phantasie: wer reizvoll anzudeuten versteht, legt einen Schleier
über die Gestalten der eigenen Phantasie und gewährt Freiräume

für die Phantasieentfaltung seiner Hörer. Entsprechend hatte Mörike schon im Blick auf seinen NOLTEN an Vischer geschrieben: »Der Leser soll zu manchem angereizt werden, er soll sich die zerfahrenen Lichter sammeln, ich aber lasse den roten Faden nur zuweilen und kaum hervorblicken« (30. November 1830).

Etwa zur selben Zeit, im Sommer 1830, hat Mörike seiner Verlobten Luise Rau gegenüber einige Bemerkungen gemacht, die durchaus als Kompendium seiner poetischen Theorie gelesen werden können. Er erklärt dort, dass er nicht die Reizflut verwöhnter Städter benötige, um Material und Lust zur Dichtung zu bekommen, sondern: »Wenige, aber starke Eindrücke von außen, – ihre Verarbeitung muss im ruhigen, bescheidenen Winkel geschehen, auf dem ruhigen Hintergrund wird sich ihr Kolorit erhöhen, und die Hauptsache muss doch aus der Tiefe des eigenen Wesens kommen.« – Der »Eindruck« und seine »Verarbeitung«; die Anregung von außen und die eigene geistigseelische Produktivität, die sich am ehesten in freiwillig gewählter Einsamkeit einstellt, machen den poetischen Prozess aus. Was dabei als »starker Eindruck« zu gelten hat, ist nicht objektiv messbar. Es ist für sich bereits eine Wertung des poetischen Subjekts. Darum muss ein starker Eindruck auch gar nichts Grandioses an sich haben. Im Gegenteil, der Gegenstand, der ihn hervorruft, kann so unscheinbar wie eine alte Lampe sein. Aber der Eindruck einer solchen Lampe ergibt sich aus der Muße zu ihrer sorgfältigen Betrachtung und vermag dadurch eine ästhetische Offenbarung zu werden. Mörike hat das in seinem Gedicht AUF EINE LAMPE gezeigt, das in der Schlusszeile auf ein poetisches Bekenntnis hinausläuft: »Was aber schön ist, selig scheint es in ihm selbst.«

Solche »starken Eindrücke«, die sich in der poetischen Verarbeitung zur Wahrnehmung des Schönen überhaupt verdichten, hat Mörike immer wieder in der Natur gefunden.

Bevorzugt in den frühen Morgenstunden, wenn die Nacht noch nicht vergangen und der Tag noch nicht erschienen war. Das ist wie die von ihm geliebte Grenzlinie zwischen Traum und Wirklichkeit, Zauberwelt und Realwelt, jetzt nur im Horizont der natürlichen Erscheinungen. Wie angenehm ihm die erste Morgenstunde sei, schreibt er an Luise Rau. Es handle sich um jene Tageszeit, wo »das Innere, noch unbewegt von der Außenwelt, rein und glatt wie ein Spiegel liegt«. Es sei, »als wäre ein Engel durchs Zimmer gegangen; die Seele fängt gleichsam von sich selber zu tönen an, wie jene Harfen, auf denen die Luft spielt«.

In solcher Gestimmtheit wird der tagesfrühe Eindruck von einem Wintermorgen möglich oder von einem Septembermorgen, der die Anregung zu einem wunderbaren Vers ergibt:

> Im Nebel ruhet noch die Welt,
> Noch träumen Wald und Wiesen.
> Bald siehst du, wenn der Schleier fällt,
> Den blauen Himmel unverstellt,
> Herbstkräftig die gedämpfte Welt
> In warmem Golde fließen.

Das »Fließen«, worin das Gedicht mündet, prägt auch seinen ganzen Verlauf, den Rhythmus, die Melodie, die Stimmung. Es geht um Dasein und Wandel. Vom Ruhen in die Bewegung. Vom Verschleierten in eine – freilich immer noch gedämpfte – Klarheit. Das Ganze atmet Gelassenheit und Zustimmung und Vertrauen. Der nebelverhangene Herbstmorgen erinnert an den Morgen der Schöpfung, wo der Gottes-Nebel über die Erde lagert, ehe es Licht wird. Schöpfung, über die Gott, sie selber betrachtend, urteilt, sie sei sehr gut. Die frühe Morgenstunde, bevor der Tag (im GESANG ZU ZWEIEN IN DER NACHT redet Mörike vom »frechen Tag«) die Herrschaft antritt und grell

beleuchtet, was nicht nur schön, sondern auch hässlich und miss-
raten ist, erlaubt noch einen Erinnerungsrest daran, wie die
Schöpfung ursprünglich gemeint war: als vertrauenswürdiger,
schöner Lebensraum. So gesehen ist das, was Mörike in diesen
Zeilen vorlegt, nicht bloß Naturlyrik in einem unbestimmten
Sinne. Es ist der Ausdruck einer ihm eigenen Schöpfungs-
Spiritualität. Sie findet ihren äußeren Anlass beim Betrachten
natürlicher Erscheinungen. Aber sie gewinnt ihre Bedeutung aus
deren meditativer Verarbeitung im Geistigen.

Im Gedicht AN EINEM WINTERMORGEN, VOR SONNENAUF-
GANG (s. S. 207), das auf Hermann Kurz' Empfehlung hin der
Ausgabe von Mörikes Gedichten 1838 vorangestellt wurde,
verhält es sich ähnlich:

> O flaumenleichte Zeit der dunkeln Frühe!
> Welch neue Welt bewegest du in mir? …

Auch hier die Zeit zwischen Nacht und Tagesbeginn, Übergangs-
zeit. Es ist Schöpfungszeit (»Eindruck naher Wunderkräfte«), und
es ist zugleich schöpferische Zeit:

> Vom ersten Mark des heut'gen Tags getränkt,
> Fühl' ich mir Mut zu jedem frommen Werke.
> Die Seele fliegt, so weit der Himmel reicht,
> Der Genius jauchzt in mir …

Doch stärker als in dem Gedicht SEPTEMBERMORGEN ist in dem
Erlebten auch eine tiefe Melancholie gegenwärtig. Das Wort
»Wehmut« fällt und es hält fest, dass das Erlebte nicht von Dauer
sein kann. Der Moment des Übergangs aus der »dunkeln Frühe«
in den hellen Tag erinnert an die ganze Gebrochenheit des
Lebens. Die Sehnsucht nach der vertrauensvollen Einheit mit der
Schöpfung bleibt, aber sie weiß zugleich um den unwiederbring-
lichen Verlust dieser Einheit:

Hinweg, mein Geist! hier gilt kein Stillestehn.
Es ist ein Augenblick, und alles wird verwehn!

Immerhin: die Möglichkeit dieses Augenblicks bleibt, es ist der
poetische Augenblick, in dem die Welt so neu und jung erscheinen
kann wie am ersten Schöpfungsmorgen. Und es ist der Augenblick
des ungestörten Einverständnisses mit dem Leben, wie Mörike
ihn am intensivsten vor Tagesanbruch wahrnehmen konnte.
Seine lyrische Kraft hat der Dichter schon früh entwickelt. AN
EINEM WINTERMORGEN entstand 1825. Der BESUCH IN URACH, den
wir im Abschnitt über Mörikes Uracher Zeit näher betrachtet
haben, folgte nicht viel später, im Jahre 1827. Aber auch im
Cleversulzbacher Pfarramt sind Mörike zahlreiche lyrische
Kostbarkeiten gelungen, besonders ergiebig wurde das Jahr 1837.
Danach sprudelt es dürftiger aus diesen Quellen. Die lyrischen
Versuche verschieben sich noch einmal hin zu den erzählerischen,
ohne ihrerseits völlig zu versiegen. Aber anstelle der früheren pro-
duktiven Lyrik verlegt Mörike sich mehr auf die reproduktive. Er
beschäftigt sich eingehend mit antiken Meistern, mit Theokrit,
Catull, Tibull, Horaz. Es sind die, an denen er schon in seiner
Uracher Seminarzeit die Grundlagen des lyrischen Handwerks
gelernt hatte, unter Paulys Anleitung. Jetzt macht er sich daran, den
Schatz antiker Lyrik neu zu heben, für sich und für andere, teils durch
Sichtung und Zusammenstellung der nach seinem Urteil
angemessensten deutschen Übersetzungen, teils durch eigene Übertragung. Erstes Ergebnis dieser Arbeit ist die Veröffentlichung einer
Auswahl 1840 mit dem Titel CLASSISCHE BLUMENLESE. Es ist ein
Strauß aus Hymnen, Elegien, Epigrammen griechischer und römischer Dichter, der auf zwei Bände angelegt war, im zweiten
stärker mit Mörikes Übersetzungen, aber nur der erste wurde
aufgelegt. Das zweite Ergebnis seiner Wiedergabe klassischer Lyrik
in deutscher Sprache wurde der Band THEOKRITOS, BION UND

MOSCHUS von 1855, in dem elf Idyllen Theokrits von Mörike selbst übertragen sind. Und schließlich gab er 1864 noch den ANAKREON UND DIE SOGENANNTEN ANAKREONTISCHEN LIEDER heraus, die er aus der Originalsprache direkt ins Deutsche übertragen hat.

Diese im Alter auffallend intensive Hinwendung zur klassischen Poesie ist wie eine bewusste Rückkehr zu den Ursprüngen. Denn die zeitgenössische Dichtung hat Mörike wenig geschätzt, vor allem die der »Jungdeutschen« nicht, die nach seinem Geschmack ihre Verse viel zu viel von politischen Tagesaktualitäten diktiert sein ließen. Schon 1830 vertrat er Mährlen gegenüber die Ansicht, dass sich »die Poesie ihre erste göttliche Bestimmung zum Vergnügen niemals rauben lassen« dürfe, und im NOLTEN äußert Larkens dem Maler gegenüber, was zweifellos Mörike selbst betrifft: »In allem Ernst, ich glaube, dass deine künstlerische Natur, um ihren ungeschwächten Nerv zu bewahren, ein sehr bewegtes gesellschaftliches Leben nicht verträgt … Was aber namentlich die Berührung mit der sogenannten großen Welt anbelangt, so war es mir gleich anfangs eine ausgemachte Sache, dass du dich nie dorthin verlieren würdest.« – In der Tat! Und das beiderseitige Befremden zwischen Mörike und Heine hat seine wesentliche Ursache eben darin, dass der eine den anderen für einen seichten Provinz-Idylliker in Schwaben und der andere den einen für einen großmäuligen politischen Scharlatan im Poetenkostüm gehalten hat, so dass Mörike in der bissigsten Bemerkung, die überhaupt von ihm bekannt wurde, Heine als unerträglich bezeichnen kann »wegen der Lüge seines ganzen Lebens«. Das hat Theodor Storm bei seinem Besuch in Stuttgart 1855 aus Mörikes Mund vernommen und in Erinnerung behalten. Es ist bedauerlich, dass Mörike und Heine nie den Weg gefunden haben, einander wirklich näher kennen zu lernen und die Karikaturen zu korrigieren, die sie sich voneinander zurecht gemacht hatten.

Seine Schwierigkeiten, die ihm übertragene Rolle im Vikariat anzunehmen und im Pfarramt durchzuhalten, haben wir beschrieben – auch dass sie nicht gleichzusetzen seien mit einer persönlichen Distanzierung vom christlichen Glauben überhaupt. Vermutungen, die in diese Richtung liefen, hat Mörike entschieden zurückgewiesen. Von einem Gespräch mit David Friedrich Strauß zu nächtlicher Stunde berichtet er seinem Freund Hartlaub im März 1843, dass Strauß die poetische Begabung Mörikes durch das kirchliche Amt als gefährdet angesehen habe. Worauf er ihm erwiderte, dass er bei seiner »fortdauernden Neigung zum Christentum« durchaus zu unterscheiden vermöchte »zwischen dem Gebrauch, den ich davon für meine Person machen könne, und zwischen meiner Aufgabe als Prediger«. – Und im Februar 1831 schreibt er an Luise Rau, wie das Evangelium ihm seinen ganzen Frieden entgegengehalten und ihn in die stille Abgeschiedenheit des Geistes gelockt habe, »wo der Engel unserer Kinderjahre uns wieder begegnet und mit uns weint. Aber was ich hier empfand, das gehörte nur mir, gehörte nur Dir – ich konnte die Brücke zur Predigt nicht finden, und was dort lauteres Gold gewesen war, das wurde stumpfes Blei, wenn ich die Feder ansetzte.« Diese Differenz zwischen seiner Person und dem offiziellen Amt hat Mörike in jüngeren Jahren als dramatisches Dilemma, später als erträgliches Nebeneinander empfunden. Ein Anlass, sich äußerlich oder innerlich vom Christentum zu verabschieden, war sie für ihn dagegen zu keiner Zeit.

Nach Vollendung des Maler Nolten hat Mörike noch in der Vikariatszeit ein neues Roman-Projekt begonnen, von dem allerdings nur einige Stücke ausgeführt wurden. Beabsichtigt war »ein religiöses Thema«. Und so viel ist den vorliegenden Fragmenten immerhin zu entnehmen, dass ihm eine Darstellung von Frömmigkeitsformen vorschwebte, die in der einen oder anderen Weise ans Pathologische grenzen. Eine Gruppe von religiösen Leuten verweigert da zum Beispiel bei einem Brand im Dorf jede Hilfe und verlangt überdies, es »dürfe nicht gelöscht, es solle nichts herausgetragen werden, es sei ein Frevel wider Gottes Finger«. Solcher religiöse Fanatismus, der sein Denken und Verhalten dogmatisch rechtfertigt, war Mörike fremd und zuwider. Aber im erzählten Extrem offenbart sich für sein Verständnis zugleich das grundsätzliche Problem aller Dogmatik: nämlich eine verbindliche Glaubensnorm festzuschreiben, die alle Anteile des Subjektiven auszuschließen scheint. Mörike bringt das in einem Bruchstück des Romans zum Ausdruck, wo Armin, ein junger Geistlicher, vor der Aufgabe steht, einer jungen Gräfin in Wien Vorbereitungsunterricht für deren Übertritt zum evangelischen Glauben zu erteilen, weil ihre Vermählung mit einem protestantischen Adligen bevorsteht. Die Verlegenheiten des jungen Pfarrers, die Mörike schildert, dürften ein ziemlich zutreffendes Abbild seiner eigenen sein, die ihm nicht nur im Vikariat zu schaffen machten: »Bei Erklärung des wichtigen Dogmas von der (Lücke, der Verf.) begegnet er sich plötzlich im stillen selber mit der Frage: ob er denn wohl als eigene vollkommene Überzeugung beschwören würde, was er hier als unerlässliche Bedingung ewiger Seligkeit vorzustellen mit solcher Sicherheit sich unterfange.«

Das erinnert an Mörikes Zurückhaltung bei der Frage seiner sterbenden Schwester Luise nach seinem »Glauben an den Heiland«. Damals war er die Antwort schuldig geblieben, wie er nachträglich beklagte. Und es ging auch damals nicht um die einfache Alternative von Glauben und Unglauben, sondern um das Problem einer Verallgemeinerung des persönlich Geglaubten. Im Dogma erscheint die religiöse Wahrheit objektiv; für Mörike kann sie dagegen nur subjektive Gestalt annehmen. Empfindung ist immer subjektiv, Erfahrung ebenso, und beide sind für den Dichter die Medien, in denen Religiöses sich vermittelt. Die Textlücke im erwähnten Zitat ist bezeichnend: welches Dogma bei dem jungen Geistlichen die Frage nach seiner persönlichen Überzeugung auslöst, kann offen bleiben. Entscheidend ist die Zumutung, dass er Dogmatisches »als unerlässliche Bedingung ewiger Seligkeit« mit »Sicherheit« vertreten soll. Versucht er's gegen den inneren Widerspruch, der sich bei ihm meldet, dann kommt ein »mark- und geistloser« Vortrag heraus, der sich zwar »den alten symbolischen Sätzen« verpflichtet weiß, aber gerade darum »eine gewisse Tiefe mehr nur vorspiegelt«.

Also nicht der Glaube selbst, sondern die Objektivierung des Glaubens in dogmatischen Formen ruft die Verlegenheiten hervor, denen sich der junge Pfarrer in den BRUCHSTÜCKEN EINES ROMANS und mit ihm zweifellos Mörike selbst ausgesetzt sah. Vertreten konnte und wollte er, was ihn persönlich zu ergreifen vermochte, nicht, was zu vertreten seine amtliche Pflicht sein sollte. Beim Unterschied zwischen Lehre und Erfahrung, zwischen Bekenntnis und Empfindung, zwischen Wahrheit und Wahrnehmung, zwischen Dogma und Spiritualität hat er konsequent jeweils die zweite Seite gewählt und sich damit ebenso die Spielräume seines künstlerischen Geistes wie die erlittenen Engpässe im pfarramtlichen Dienst geschaffen.

In dieses Bild passt, dass Mörike als Seelsorger weit überzeugender und echter wirken konnte als in der Rolle des Predigers. Seelsorge verlangt Einfühlung, Behutsamkeit in der Wahrnehmung, persönliche innere Beteiligung. Rechtgläubigkeit im dogmatischen Sinne tritt da in den Hintergrund, so sehr elementare Glaubensfragen, vor allem nach Leiden, Tod und ewigem Leben, berührt sein mögen. Aber was hier nicht persönlich verantwortet ist, kann als allgemeine Glaubensmitteilung auch nicht die Kraft enthalten, in einer bedrängten menschlichen Situation

Wilhelm Hartlaub,
Photographie von Friedrich Brandseph

wirklich weiterzuhelfen. – Wie deutlich Mörike das empfunden hat, zeigt ein Trostbrief an Wilhelm Hemsen, Vischers Neffen, zum Tod seiner Mutter im Jahr 1868, als er schreibt: »Der bestgemeinte Zuspruch Anderer wird einem so gerechten Kummer gegenüber fast unwillig als eine Anmaßung empfunden.« Um dann sehr persönlich fortzufahren, »dass es nichts Gewisseres *für mich* gibt als unsere jenseitige Fortdauer«. In welchem Sinne ist das gemeint? Und durch welche Beweggründe als »gewiß« erhärtet? Der evangelische Pfarrer sollte, so möchte man vermuten, an dieser Stelle mit der Auferstehung Christi und der Lehre von der allgemeinen Auferstehung von den Toten am Ende der Tage argumentieren. Aber Mörike tut das nicht. Er beruft sich statt dessen auf persönliche Erfahrungseinsichten, die sich ihm seit Jahren aufgedrängt hätten, wovon aber »die Wissenschaft leider bis jetzt noch allzu selten Notiz genommen hat«. Das ist eine Andeutung, die er nicht weiter ausführt. Sie weist jedoch unverkennbar auf den Zusammenhang der Geistererscheinungen im Cleversulzbacher Pfarrhaus hin und auf Justinus Kerners Untersuchungen. Orthodox war diese Auskunft also nicht, und Mörike hat es gewusst. Es war jedoch persönlich verantwortet und durch eigene Erfahrung gedeckt, und das war für ihn entscheidend. Im übrigen wäre es ihm nie in den Sinn gekommen, diese Anschauung von einem transmortalen Fortleben als allgemeingültige Wahrheit zu verbreiten. Sie hatte für ihn gerade so viel Gewicht, dass er sie einmal einbringen konnte im persönlichen Trostschreiben an einen Freund, der den Verlust seiner Mutter zu beklagen hatte.

In ähnlicher Weise äußert sich Mörike wenige Jahre später, Anfang 1871, Johannes Mährlen gegenüber, dessen Sohn im deutsch-französischen Krieg gefallen war. Auch hier vertritt er den Glauben an eine »persönliche Fortdauer« und gestattet sich darüber hinaus ein paar Bemerkungen zum möglichen »jetzigen Zustand des Abgeschiedenen«. Mit dem Ergebnis: »Er lebt und wirkt in glücklicher, erhöhter Geistestätigkeit, auf dem Schauplatz einer neuen Natur in freier Gemeinschaft mit vielen gleichartigen Geistern.« Das ist keine Dogmatik, sondern persönlich-spirituelle Anschauung. Von der »neuen Natur«, nova creatio, neuer Schöpfung kann auch der Apostel Paulus handeln, und gemeint ist bei ihm ebenfalls eine todüberwindende Geistwirklichkeit. Aber bei Paulus ist solche Geistwirklichkeit nicht denkbar ohne das schöpferische Handeln Gottes, das in der Auferstehung Christi offenbar wird. Bei Mörike dagegen kommt es dem Mysterium der Natur selber zu, dass sie den Tod ebenso kennt wie sie ihn auch zu überwinden vermag. Der Tod wird zum

Ort des Lebensverlustes und Schmerzes, aber auch zum Ort der Verwandlung. Und das neue Leben »auf dem Schauplatz einer neuen Natur« soll dann in vollkommener Klarheit darstellen, was jetzt nur unvollkommen, aber gleichwohl erfahrbar in der poetischen Existenz erscheint: »glückliche, erhöhte Geistestätigkeit … in freier Gemeinschaft mit vielen gleichartigen Geistern«.

In einem Brief an Emanuel Geibel vom Dezember 1855 hat Mörike seine spirituelle Anschauung von einem Fortleben jenseits der Todesgrenze in einer neuen Wirklichkeit erstmals zur Sprache gebracht, und zwar mit dem erklärenden Zusatz: »Für mich ist dieses eine ausgemachte natürliche Sache und ist bei mir ebenso wenig bloßer Glaube, als bloßes Resultat des Räsonnements.« Die Bemerkung ist in mehrfacher Hinsicht aufschlussreich. Zunächst unterstreichen die Wendungen »für mich« und »bei mir«, dass es um eine subjektive Anschauung geht, die keinen Anspruch auf objektive Wahrheit erhebt. Und dann wird betont, dass es sich bei dem gemeinten Fortleben um eine »natürliche Sache« handle. Sie wird auf der einen Seite abgegrenzt gegen »bloßen Glauben«, also das Dogma, und auf der anderen Seite gegen das »Räsonnement«, also die gedankliche Spekulation. »Natürlich« bedeutet deshalb: zur Natur gehörig, dem Wesen der Natur eigentümlich. Es ist Teil des Mysteriums der Natur, dass sie Leben und Tod umfasst und dass gerade diese Polarität ihr ganzes Sein und ihren Rhythmus bestimmt.

Dieses Grundempfinden von einer lebensmächtigen Natur, deren aufmerksame Betrachtung spirituelle Erfahrungen möglich macht, prägt das Leben wie die Dichtung Eduard Mörikes. Es ist das Erbe der Antike bei ihm, das er bewusst und auf seine Weise angetreten hat, sicher auch mit den Brechungen, die dieses Erbe in zeitgenössischen Naturphilosophien, etwa bei Schelling, erfahren hatte. Aber Mörike ist deswegen nicht zum geistigen Heiden im protestantischen Talar geworden. Er hat vielmehr das Antike mit dem Christlichen zu verbinden gesucht. Bereits im MALER NOLTEN lässt er Larkens »über das Verhältnis des tief religiösen und namentlich des christlichen Künstlergemüts zum Geist der Antike und der poetischen Empfindungsweise des Altertums« nachdenken und die »Möglichkeit einer beinahe gleich liebevollen Ausbildung beider Richtungen in einem und demselben Subjekte« erwägen. Das ist an dieser Stelle romanhaft erzählt, aber gewiss biographisch unterlegt. Denn es betraf Mörikes eigene Orientierungsbemühungen, allgemein im Blick auf seinen Lebensweg und speziell für sein dichterisches Werk.

Die eindrücklichsten Zeugnisse der Spiritualität Mörikes, in denen Antike und Christentum, Naturfrömmigkeit und Christusfrömmigkeit eine eigene innere Verbindung eingegangen sind, finden sich in seinen Gedichten. Da ist die KARWOCHE (s. S. 209), in fünfstrophiges Gedicht von 1830, in dem das Naturhafte und das Christliche zunächst in einer Gegensatzspannung erscheinen. Die Natur im Frühlingskleid, mit der Heiterkeit des jungen Lebens, Blütenfarben und Vogellieder: eine »lichte Erde«. Das ist die Seite des Apollinischen, des strahlend Hellen und begeisternd Jugendlichen, sinnenfrohe Feier des Lebens, aber dagegen steht gleichzeitig die Schwere der christlichen Passionserinnerung. Gegen die lebensvolle »Frühlingswonne« – diese »heilige Beschwerde«; gegen die »Jubellieder« der Vögel – die »leisen Grabgesänge der Engel«. Und so fällt, widersprüchlich und übermächtig zugleich, »des Kreuzes Schatten auf die lichte Erde«. Die letzte Zeile hält fest, wie die Passionsfrömmigkeit und Todesmystik der Karwoche endlich das Feld beherrschen und die Stimmung dominieren:

Und Lieb' und Frühling, alles ist versunken.

In diesen Strophen spiegelt sich der volle Schwermutscharakter einer evangelischen und namentlich einer pietistischen Passionsandacht wider, die Mörike vertraut war. Aber er teilt diese Art christlicher

Eduard Mörike
Lithographie von Bonaventura Weiß 1851

Versenkung ins Leiden und in den Tod nicht mehr vorbehaltlos. Er nimmt sie wahr, indem er sie relativiert. Er setzt sie in Beziehung zur lichten Heiterkeit und zur Lebenslust des beginnenden Frühlings. Und es erscheint dahinter die Frage, auf die es in der KARWOCHE selbst keine Antwort gibt, ob denn das Christentum so einlinig mit dem Dunklen und Depressiven zusammengehe, die Natur dagegen mit dem Hellen und Lebensvollen?

Dass sich dieses Verhältnis jedenfalls auch anders bestimmen ließ, zeigt das Gedicht AUF EINE CHRISTBLUME (s. S. 210), das Mörike im Herbst 1841 geschrieben hat. Äußerer Anlass war eine botanische Entdeckung. Mörike hatte die Pflanze, die er schon lange einmal zu finden hoffte, zufällig auf dem Kirchhof in Neuenstadt ausgemacht, hatte sie ausgegraben, nach Hause gebracht und eingehend betrachtet. Und was solche Betrachtung bei ihm ausgelöst hat, das fasst er zusammen in den zwei Abschnitten des Gedichtes. Da erzählt er, wie er die »Tochter des Walds« gefunden hat, die »schöne«, nämlich auf einem Grab. Die Nähe der geheimnisvollen Blume zur Nacht und zur Dunkelheit und Kälte des Winters wird betont, sie ist »Kind des Mondes, nicht der Sonne«, unvergleichbar mit anderen Blumen und mit deren Farbenfülle und darum auch fern von der Frühlingsheiterkeit, die im vorigen Gedicht so kräftig war. So ist die Christblume eine Zeugin der Natur, aber nun gerade ihrer Winter-, Nacht- und Todesseite, und sie wird auf diese Weise zugleich Zeugin jener geistigen Wirklichkeit, für die das Christentum steht, nämlich die Wirklichkeit einer Erlösung aus Leiden, Nacht und Tod. Was in der Passionswahrnehmung der Karwoche gefehlt hat und dort nur im Kontrastbild des lichten Frühlings angedeutet schien, wird jetzt zum eigentlichen Thema: die Hoffnung auf Erlösung und auf neues Leben aus den Schatten des Todes.

Denn die Christblume veranschaulicht in der Natur, was der Christus-Gestalt an geistig-spiritueller Bedeutung zukommt, so dass das Natürliche und das Christliche sich nicht mehr als Gegensätze abstoßen, sondern innerlich entsprechen. Darum erinnert der »Wohlgeruch« der Christblume an »der benedeiten Mutter Brautgewand«. Und darum verweist ihr weißes Kleid, mit dem sie sich zur Weihnachtszeit »kindlich« ziert, auf die Geburt des Erlösers. Nicht nur dem poetischen Betrachter, sondern sogar einer »Elfe«, die zur mitternächtlichen Stunde vorbeikommt, einer Personifikation des Natürlichen also, erscheint die Christblume in ihrer »mystischen Glorie«. Zwar enthält sie nicht selbst die Kraft der Erlösung, vermag diese jedoch zu bezeugen.

Was Mörike in seiner Betrachtung der Christblume vollzieht,

ist eine doppelte Bewegung: die Bewegung vom Natürlichen zum Christlichen und vom Christlichen zum Natürlichen. Die natürliche Beschaffenheit der Blume wird zur Anschauung eines geistigen Gehalts, eben der christlichen Erlösungshoffnung. Und die geistige Botschaft vom Anfang der Erlösung gerade in Nacht und Kälte und Todesnähe manifestiert und naturalisiert sich in der gegenständlichen Erscheinung einer im Winter erblühenden Christblume.

Der Weg zu solcher Einsicht ist der Weg einer spirituellen Betrachtung. Mörike sieht die Blume, aber er sieht nicht nur, was unmittelbar vor seinen Augen steht. Er sieht die Blume in ihrer »mystischen Glorie«. Das Äußere ihrer Erscheinung wird transparent für einen Hintergrund von Bedeutungen. Transzendenz ist für diese Art der Betrachtung nicht das Unzugängliche, das weit über alle Welt, alle Wirklichkeit und alles Sehen hinaus einem spekulativen Jenseits zugehörte, sondern Transzendenz ist das Gültige, das Ewige, das sich zeigt, wenn ein anschaulicher Gegenstand wie die Christblume bei näherer, nachdenklicher Betrachtung transparent zu werden beginnt.

Hier geht es um die Betrachtung einer Blume. In den Gedichten AUF EIN ALTES BILD und SCHLAFENDES JESUSKIND sind es Gemälde, die der Dichter betrachtet und die ihn die tiefere Beziehung zwischen Natur- und Christusfrömmigkeit empfinden und ausdrücken lassen:

> Blume du, noch in der Knospe dämmernd
> Eingehüllt die Herrlichkeit des Vaters!

Und auch das Gedicht GÖTTLICHE REMINISZENZ (s. S. 211) von 1845 setzt ein mit der – vermutlich fiktiven – Betrachtung eines Gemäldes im Kartäuserkloster (der spirituelle Ort), das dem Dichter bei ganz anderer Gelegenheit, bei einer Wanderung im Gebirge (der natürliche Ort) und im Anblick »wild zerstreuter

Felsentrümmersaat« erneut in den Sinn kommt. Das Bild stellt den Jesusknaben –»das schöne Kind« – dar, im Freien sitzend, sommerlich gebräunt, wie er gerade von einem alten Hirten»ein versteinert Meergewächs« entgegennimmt und dabei nun seinerseits in einen Augenblick tiefster Betrachtung fällt:

> Durchdingend ew'ge Zeitenfernen, grenzenlos:
> Als wittre durch die überwölkte Stirn ein Blitz
> Der Gottheit, ein Erinnern, das im gleichen Nu
> Erloschen sein wird; und das welterschaffende,
> Das Wort von Anfang, als ein spielend Erdenkind,
> Mit Lächeln zeigt's unwissend dir sein eigen Werk.

Die Anspielungen und Bedeutungsverweise in diesen wenigen Zeilen sind so komplex und komprimiert, dass es nicht leicht fällt, ihnen gerecht zu werden. Entscheidend aber ist der Vorgang der Betrachtung selbst. Betrachtung eines Gegenstandes, die Transparenz erzeugt. Für den Dichter und seine Spiritualität ist sie unverzichtbar. Aber offenbar auch für das göttliche Kind. Die Versteinerung, die ihm in die Hand gegeben wird, ist nicht nur ein Stück Materie, ein Partikel der Natur. Sie wird vielmehr in der Betrachtung durchsichtig auf »ew'ge Zeitenfernen, grenzenlos« und lenkt in der Erinnerung zurück auf die Ursprünge der Schöpfung, das welterschaffende Wort von Anfang. Die Versteinerung als solche anschauen, ihre Formen, ihre Farben bewundern, wäre eines. In der tieferen Betrachtung dieses Gegenstandes aber, und zwar mehr ahnend und träumend als wissend, dem Geheimnis der Schöpfung und der eigenen schöpferischen Kraft nahe zu kommen, ist ein anderes. Das eine ist ein Akt sinnlicher Wahrnehmung, das andere ein Akt spiritueller Einsicht. Und es entspricht dabei Mörikes Grundeinstellung, dass für ihn spirituelle Einsicht immer an bestimmte sinnliche Wahrnehmungen und an den Vorgang einer intensiven Betrachtung gebunden ist.

Betrachtung einer Christblume, Betrachtung von Gemälden: aus ihnen erwachsen seine Gedichte von geistlichem Gehalt. Man kann seine Spiritualität deshalb eine *Spiritualität der Betrachtung* nennen. Und wenn man das tut, findet man auch in dieser Beziehung die für Mörike kennzeichnende Synthese aus Antike und Christentum wieder. Denn »Betrachtung« ist ein Grundzug des griechischen Geistes, der zur Entdeckung des »Schönen« und zur Ausbildung der Kunst geführt hat. Solches Betrachten war eben kein neutrales Anschauen, sondern viel stärker dem Bewundern und dem Staunen verwandt. Und wenn, so bemerkt der Gräzist Bruno Snell, »für Platon und Aristoteles das theoretische, ›betrachtende‹ Leben mehr als das praktische Leben gilt und den Menschen über das Irdische hinausführt, so enthält diese ›Theorie‹ Züge religiösen Fühlens«.[7] Das hat Mörike im Grunde nicht anders empfunden und gepflegt und im Blick auf die Qualität des Schönen am prägnantesten in der Schlusszeile seines Gedichts AUF EINE LAMPE in die sehr griechische Formel gebracht:

Was aber schön ist, selig scheint es in ihm selbst.

Bei ihm wird diese Weise der Betrachtung des Schönen nach griechischem Vorbild freilich ergänzt und vertieft durch die Kultur der spirituellen und mystischen Betrachtung im Christentum. Auch diese erfolgte stets in der Hinwendung zum Gegenständlichen. Es waren aber weniger die Gegenstände in der Natur als die Gegenstände der Heilsgeschichte, die zu einer andächtigen Betrachtung luden. Bilder vor allem, Szenen aus dem Leben und vom Leiden Christi, wie ja auch Mörike solche Bilder mehrfach zum Anlass für seine geistlichen Gedichte genommen hat. Betrachtung betrifft da den Prozess von Erinnerung und Versen-

---

7 Bruno Snell, Die Entdeckung des Geistes, 6. Aufl. 1986, S. 41.

kung in einem. Das anschaubare Bild wird zum Mittel für eine geistige Bewegung und die Betrachtung zum Weg, spirituelle Erfahrungen zu machen und sie anderen weiterzugeben. Und am Ende steht wiederum die Einfachheit. Die Schlichtheit des Gebets und der Gebetssprache, worin alles auf den einen Lebensnerv des Vertrauens zurückgenommen werden kann:

> ... Du, Vater, du rate!
> Lenke du und wende!
> Herr, dir in die Hände
> Sein Anfang und Ende,
> Sei alles gelegt.

So singt und betet Mörike Zum Neuen Jahr. Und ebenso schön und ebenso einfach im Gebet:

> Herr, schicke, was du willt,
> Ein Liebes oder Leides;
> Ich bin vergnügt, dass beides
> Aus deinen Händen quillt.

> Wollest mit Freuden
> Und wollest mit Leiden
> Mich nicht überschütten!
> Doch in der Mitten
> Liegt holdes Bescheiden.

Die beiden Strophen sind im zeitlichen Abstand voneinander entstanden, die zweite früher, sie war als Morgengebet der Agnes schon in den Nolten eingefügt, dort im Augenblick ihres seelischen Zusammenbruchs. Formuliert wird darum als Gebetsruf, was durch menschliche Anstrengung allein nicht gelingen mag: die Mitte zu finden zwischen den Extremen, gerade den Extremen von Freude und Leid. Dieses Metron, das rechte Maß, das, noch einmal griechisch empfunden, als Voraussetzung gilt für ein gesundes und im Gleichgewicht ruhendes Leben. Für die Griechen war es eine Frage der Tugend, namentlich der Besonnenheit, dieses Maß zu gewinnen. Für den Christen Mörike wird es zu einer Frage göttlicher Gnade und ihrer Zuteilungen in einem Menschenleben.

Späte Wanderjahre
(1843–1875)

MERGENTHEIM

Wermutshausen, die Unterkunft in Hartlaubs Pfarrhaus, konnte nur einen Übergang darstellen. Ein paar Monate sorgloser Zurückgezogenheit, Zeit zur Neuorientierung, und die war nötig. Im Alter von vierzig Jahren war immerhin noch nicht der Lebensabend angebrochen, trotz aller gesundheitlichen Einschränkungen. Zur Debatte stand, was mit der Zukunft angefangen werden sollte, über vermehrtes Lesen, gelegentliches Zeichnen, Korrespondenz mit Freunden und liebevolles Sammeln von Versteinerungen hinaus. So viel Talent Mörike auch im kreativen Müßiggang besessen haben mag, die verschiedenen Liebhabereien vermochten auf weitere Sicht sein Pensionärsdasein schwerlich auszufüllen. Weiter, und zwar in neu errungener Freiheit, sich dem Werk seiner Dichtung zu widmen, lag natürlich auf der Hand, aber würden sie davon leben können, er und Klärchen, seine Schwester?

Die Monate in Wermutshausen erschienen nicht zuletzt auch darum angenehm, weil sie dem notorisch verschuldeten Dichter kaum Kosten verursachten. Die nicht einmal dreihundert Gulden Jahrespension bedeuteten ja keine Lebenssicherung. Mörike errechnete, dass er mindestens die doppelte Summe benötigte, um bei angestrengter Haushaltung halbwegs über die

Runden zu kommen. Die neue Freiheit war deshalb – Hinterlist des Banalen sozusagen – keineswegs mit lauter Lorbeer umkränzt und alles Möglichen voll. Sie enthielt die ernüchternde Aufgabe, sich nach einer Decke zu strecken, die ziemlich kurz war, und sich mit den alltäglichen Gegebenheiten zu arrangieren.

Dazu zählte an erster Stelle die Wahl des künftigen Wohnorts. Bekömmlich sollte er sein für die Gesundheit, anregend fürs poetische Geschäft, erträglich im Blick auf den Lebensaufwand, die Mietkosten voran. Das Los fiel auf *Schwäbisch Hall.* Jene schöne alte Salzstadt am Kocher, die gleich weit von großstädtischer Unruhe wie von ländlicher Abgeschiedenheit entfernt zu sein schien. Mörike zog mit der Schwester im April 1844 dorthin. Er zeigte sich angetan von den würdigen alten Gebäuden, insbesondere der »prächtigen Sankt-Michaels-Kirche, gleichsam ein ganz kristallines Naturwerk, weiß und glänzend, nur an der Wetterseite etwas grau«, von der nahen Comburg und der reizvollen Landschaft rundum. Trotzdem hält es ihn nicht. Das Klima im Kochertal sei zu rau, um seiner Gesundheit gut zu tun, befindet er, und also sind die Geschwister schon im Herbst wieder beim Kofferpacken. Der jetzt ins Auge gefasste Ort, der sich für ein längeres Verweilen empfiehlt, ist *Mergentheim,* die ehemalige Deutschordens-Stadt. Mörike hat sie als Kurort bereits kennen und schätzen gelernt. Man kann dort auf eine erschwingliche Mietwohnung hoffen, das Klima im Taubertal ist mild, der regelmäßig getrunkene Brunnen heilsam und Freund Hartlaub in Wermutshausen gleich um die Ecke. Ideale Bedingungen, wie es scheint, die äußeren Umstände des Lebens geregelt und damit auch einen freien Kopf fürs Dichten zu bekommen.

Und in der Tat, in den Jahren 1845/46 hat Mörike hervorragende Gedichte zu Papier gebracht, darunter die GÖTTLICHE REMINISZENZ und NEUE LIEBE, AUF EINE LAMPE und ERBAULICHE BETRACHTUNG. Vor allem aber die IDYLLE VOM BODENSEE.

Sie ist ein kleines poetisches Meisterstück, für das Mörike viel gelobt wurde. Uhland zeigte sich nach der Lektüre »ausnehmend erfreut« und sah sich veranlasst, Mörike zu ermuntern: »Dichten Sie rüstig fort, so lang Ihnen diese glückliche Stimmung wach ist!« Und aus dem fernen Dresden meldete sich eine Künstlergruppe, unter ihnen Ludwig Richter, die von der IDYLLE begeistert waren, obwohl eine natürliche Nähe zu den schwäbischen Milieus dieser Geschichte bei ihnen nicht vorauszusetzen war.

Für die Form seiner IDYLLE hat Mörike den epischen Hexameter gewählt, das Ganze aufgeteilt in sieben Gesänge, nach eigenem Bekunden »eine freie Erfindung, der heitern und komischen Art«, die »ihrem Geist nach ungefähr in der Mitte zwischen den griechischen Mustern und Hebels erzählender Darstellungsweise« stehe. Gewidmet hat er diese »Gabe vaterländischer Musen« dem Kronprinzen Karl von Württemberg, eine geschickte Maßnahme, die sich nicht nur in späteren Ehrungen, sondern auch, durch gelegentliche Zuwendungen aus dem Königshaus, in barer Münze auszahlen sollte. Den Brillantring, den der Kronprinz ihm in Anerkennung seiner poetischen Leistungen vermachte, hat Mörike denn auch, wieder einmal in finanziellen Nöten, bald versilbert und verbraucht.

In der Sache handelt es sich bei der Bodensee-Idylle nach bewährtem Mörikeschem Muster um eine Geschichte, die mehrere Stoffe miteinander verbindet. Der Zusammenhang wird durch die Figur des Fischers Martin gewährleistet, der in der Rahmenhandlung (1., 2. und 7. Gesang) als alter Mann und in dem ausführlichen Mittelstück (3. bis 6. Gesang) als Jugendlicher begegnet. Und beide Mal führt er mit Lust und Geschick Menschen, die es nicht besser verdienen, gehörig hinters Licht. Als junger Mann bestraft er die hochmütige Untreue des Mädchens Gertrud, die ihren und seinen Freund Tone gleichgültig fallen ließ, um einen reichen Dummkopf zu gewinnen. An deren Hochzeit veranstaltet Martin nun mit jungen Leuten aus dem Dorf eine parodistische Kopie des Festgelages im Wald, wohin sie heimlich den Brautwagen mit der gesamten Aussteuer gekarrt und eine hochzeitliche Tafelrunde aufgebaut hatten.

Die Rahmenerzählung vom alt gewordenen Schelm Martin wirkt allerdings origineller in der Handlung, kunstvoller in der Sprache und hintergründiger in ihrem Gehalt. Es geht um die merkwürdige Geschichte einer Kirchenglocke, um materiellen und geistigen Diebstahl und das, was am Ende herauskommt dabei, nämlich: nichts.

In einer alten, halb verfallenen Kapelle am Bodensee (man muss sich die Gegend im Raum Friedrichshafen vorstellen, mit Blick zum Säntis hinüber) trifft der inzwischen bejahrte Fischer Martin auf den Schneider Wendel und seinen Genossen Steffen, die dort Rast machen und sich nach Ursprung und Schicksal des verwaisten Kirchengebäudes erkundigen. Martin erzählt kenntnisreich und gewissenhaft, steuert aber darauf hin, die beiden auf die Glocke aufmerksam zu machen, die angeblich seit langem spurlos verschwunden sei, tatsächlich aber verborgen und unberührt immer noch im Glockenstuhl hänge. Die Habgier seiner Zuhörer ist damit geweckt und wird am Ende schändlich entlarvt, als Martin die beiden erwartungsgemäß beim versuchten Glockendiebstahl ertappt und gründlich foppt, weil anstelle der begehrten Glocke nur ein alter verdreckter Hut auf sie wartet.

Der Schwank ist kurzweilig und humorvoll erzählt, aber er trüge nicht Mörikes Handschrift, wäre es damit bereits getan. Das Motiv von Diebstahl und Verlust hat ja nicht nur seine komische Seite, sondern auch seine tragische; namentlich dann, wenn es nicht allein um materielle, sondern auch um geistige Werte geht. Die Kirchenglocke hat einen materiellen Wert, auf den die Gelegenheitsdiebe scharf sind, aber sie steht auch symbolisch für den geistig-religiösen Wert einer christlich geprägten Lebensordnung. Davon erzählt Fischer Martin ausführlich im 1. Gesang, und da geht es keineswegs bloß um den zufälligen Schabernack, den Menschen in entsprechender Laune einander antun mögen. Denn mit dem Ursprung der Kapelle und der Herkunft ihrer Glocke hat es eine besondere Bewandtnis. Die Kapelle wurde nämlich auf dem Grund einer römischen Kultstätte errichtet und die Glocke aus dem Material dort aufgefundener heidnischer Kultgegenstände gegossen. Eine buchstäbliche Verschmelzung also zwischen Antikem und Christlichem, die so reibungslos freilich nicht gelingen will, wie man annehmen könnte. Erst wehrt ein Pater Eusebius die Absicht seiner Klosterbrüder ab, den ganzen heidnischen Fund einzuschmelzen und erlaubt es nur bei Stücken von geringerem künstlerischen Wert. Der Diebstahl an den Zeugnissen des antiken Geistes wird so allenfalls ermäßigt, nicht verhindert. Er schreitet vielmehr fort, als die Glocke fertig gegossen ist, jedoch beim Anschlag jeden Ton verweigert, als habe sie, nach Auffassung der beteiligten Mönche,

... den Satan im Leib von wegen des Erzes,
Drin sein blutiges Opfer empfing vor alters der Abgott.

Nach der materiellen Beraubung der alten römischen Kultstätte folgt deshalb die geistige: ein Franziskaner aus Thurgau wird herbeigeschafft, der sich auf Geisteraustreibung versteht. Neun Stunden müht er sich ab, bis es ihm gelingt, das heidnische Wesen aus der Glocke zu verbannen:

... Da haben den Geist in der vierten Gasse die Nachbarn
Lachen gehört aus dem Erz und schrein mit erzener
    Stimme,
Gleichwie im Wald den brünstigen Hirsch, und
    hätte die Glocke
Krümmen sich mögen, bekannte der Mönch, und
    winden, da nun er

Aus der gequälten sich riss als ein Windbraus und
   in die öde
Luft mit Seufzen entwich.

Nachher wird die derart religiös gereinigte Glocke feierlich
geweiht, und sie tönt hell und weithin und schön. Die Kapelle erfährt einen regen Zulauf, besonders von jungen, gerade vermähl-
ten Frauen, denen die Stätte als heilig gilt, weil ihr Besuch die
Geburt gesunder Kinder verheiße.

Doch das Wunderbare und Wunderkräftige schwindet dahin,
das aus dem Altheidnischen geraubte und umgewidmete Gut hat
keinen Bestand, und der Diebstahl wiederholt sich, indem die
Glocke nun ihrerseits entwendet und durch eine minderwertige
und kraftlose ersetzt wird. Der entstandene Verlust ist vordergründig von materieller, maßgeblich aber von geistiger Art:

Seht nur rings um den See die verödeten Stifter! Was eh'dem
Heilig erschien und für selig erkannt war unter den Menschen
Allen, es galt kaum noch.

Das sind nicht beruhigend wirkende Kennzeichen einer »Idylle«,
sondern eher im Gegenteil beklemmende Symptome einer
religiösen Lebensgestalt in der Zeit ihres Verfalls. Dies jedenfalls
hat Mörike auch gesehen und angesprochen in seiner IDYLLE VOM
BODENSEE, und er spielt dabei die Möglichkeit durch, dass die
erkannten religiösen Verfallserscheinungen der Gegenwart in einem Zusammenhang stehen könnten mit christlichen Beerbun-
gen der Antike, die unter gewaltsamer Vertreibung ihres originären Geistes erfolgten.

In einer anderen Passage des Gedichts kommt die Idylle freilich zu ihrem vollen Recht, im 5. Gesang, bei der erzählten Liebe
und Verlobung des Fischers Tone mit der Schäferin Margarete. Es
ist eine eigene kleine Liebesgeschichte, in welcher der junge
Fischer für die schöne Schäferin brennt:

... und wallete ganz vor sehnender Liebe das Herz ihm,
Welche zuvor ihm schon mit Verheißung leise genaht war,
Wenn dem Einsamen oft das liebliche Bild Margaretens
Sich vor die Seele gestellt mit Trost und Schwestergebärde.

Eine Liebesgeschichte im poetischen Gewande, die in ihrem Kern allerdings so wenig erfunden war wie der Name der besungenen Schäferin. Es war Mörikes eigene Geschichte in Mergentheim, jedenfalls die Anfangsgeschichte seiner Begegnung mit Margarethe von Speeth, die er lieben lernen, nach einigen Jahren heiraten und am Ende doch wieder unglücklich verlieren sollte.

Mörike hatte Ende März 1845 am Mergentheimer Markt eine Wohnung im Haus des Oberstleutnants Valentin von Speeth gemietet, der krank und pflegebedürftig war und noch im August desselben Jahres verstarb. Seine Tochter Margarethe (»Gretchen«) hatte die Hauptlast der Pflege getragen und überließ sich nach dem Tod ihres Vaters in einem Zustand völliger Erschöpfung gern der Fürsorge Klaras, der Schwester Mörikes. Die beiden Frauen hatten sich miteinander angefreundet, und das vertiefte sich jetzt. Und Mörike selbst fand auch zunehmend Gefallen an der hübschen jungen Frau mit ihren schwarzen Haaren und dunklen Augen, mit ihrer bescheidenen und umsichtigen Häuslichkeit und ihrer selbstverständlichen katholischen Frömmigkeit. Er bedachte sie mit Gedichten und mit blumigen Kosenamen, wenn er ihr Briefe schrieb. Kurz: Mörike war ein frischer Pensionär und er war frisch verliebt. Dass Margarethe eine überzeugte Katholikin war, störte den evangelischen Pfarrer im Ruhestand ebenso wenig wie die Tatsache, dass es über seine Lebensgemeinschaft zu dritt in einer Kleinstadt allerlei zu munkeln und zu phantasieren gab.

Unangenehmer erschienen nur Hartlaubs Reaktionen. Das befreundete Ehepaar im nahen Wermutshausen war ganz offensichtlich und nachhaltig verstimmt. Nachdem Versuche, Mörike diese anscheinende Mesalliance auszureden, an seiner Beharrlichkeit gescheitert waren, gingen sie auf Distanz. Sie fanden, dass Margarethe Speeth einfach nicht die richtige Partie für Mörike sein könne, sei es mehr wegen der Konfessionsverschiedenheit oder wegen ihres schlichten Gemüts oder ihrer Mittellosigkeit. Mörike hat alle derartigen Einwände in der Pose eines verliebten und darum unerschütterlichen Jünglings in den Wind geschlagen, obwohl sie, nachträglich betrachtet, so unberechtigt gar nicht sein sollten. Die Chancen eines längerfristigen glücklichen Zusammenseins mit Gretchen und Klärchen hat er dabei zweifellos überschätzt und die Dynamik nicht vorausgesehen, die unvermeidlich wurde, wenn er künftig in einer Verbindung mit Gretchen auf die vertraute geschwisterliche Nähe seines Klärchens keinesfalls verzichten wollte. Wohl war er überzeugt davon, dass die beiden Frauen eng und liebevoll miteinander befreundet waren, aber es zeugt auch von einer gewissen Naivität anzunehmen, dass dies alles so bleiben könnte, wenn er sich erst als Liebhaber und nachher als Ehemann in dieses Freundschaftsverhältnis hineinbegeben hatte.

Die Differenzen mit Hartlaub legten sich erst im Kontext der politischen Bewegungen um 1848. Hartlaub war davon in hohem Maße entzündet und verfolgte die Ereignisse mit brennendem Interesse. Er war es auch, der den politisch eher abstinenten Mörike in diesen Monaten stark zu beeinflussen vermochte. Durch regelmäßige Zusendung von Informationen hielt er den Freund auf dem Laufenden und hatte zweifellos seinen Anteil daran, dass Mörike sich eingehender mit den Entwicklungen auseinander setzte und politisch Stellung bezog.

Dabei konnten die unmittelbarsten und verwirrendsten Eindrücke schon vor der eigenen Haustür gewonnen werden. Denn es gärte auch im Hohenlohischen, jedenfalls ein wenig. Nach dem Sturz des sogenannten Bürgerkönigs Louis Philipp in Paris, wo man im Februar die Republik ausgerufen hatte, setzten Unruhen im deutschen Südwesten ein, die Anfang März aus dem Badischen über den Odenwald auch die Hohenloher Gebiete erreichten. Hartlaub meldete am 6. März Tumulte in Niederstetten, »schauerliche Feuerzeichen«, das Schloss brenne. Nachher stellte sich heraus, dass es nur die dem Schloss benachbarte Kanzlei gewesen war. Aber die Sorge blieb groß. Radikale Gruppen streiften umher, mit Drohungen, allen Fürstentümern den Garaus zu machen und das Volk zu befreien. Es waren sehr lokale, schnell vorübergehende Gewitter. Und es war nicht das, was liberale Gemüter sich erträumten.

Mörike antwortet Hartlaub am 10. März, auch über Mergentheim stehe eine »böse Wetterwolke«, ein wilder Haufe sei vom Odenwald her im Anzug und verbreite Schrecken, weil man von dessen Vandalismus Kenntnis habe. Überfälle seien zu verzeichnen, in Schüpf etwa, wo man auch »die dortigen Juden beraubt und misshandelt« habe. Mit alledem wollte man nichts zu schaffen haben, das war Aufruhr der Straße und die treibende Kraft nichts anderes als »Gesindel«.

Aber die Szene beruhigt sich. Die gefürchteten Scharen ziehen an Mergentheim vorbei, und man kann sich den Vorgängen auf der großen politischen Bühne widmen. Die sollte in Frankfurt errichtet werden, in der Paulskirche, und im Vorfeld waren die Abgeordneten zu wählen. Mörike berichtet von der betreffenden Volksversammlung in Niederstetten, wo es gegen seinen Willen zur Wahl Robert Mohls kommt, »des verdächtigen Heidelberger Professors«, wie er bemerkt. Dabei lag Mohl auf der Linie von Uhland und Vischer, die ebenfalls nach Frankfurt delegiert wurden und zum republikanischen Flügel zählten, der für Mörikes Geschmack allerdings zu entschieden radikal war. Mit Freund Hermann Kurz, der mit den badischen Republikanern um Hecker und Struwe sympathisierte, hat er sich deswegen sogar heftig überworfen.

Übersichtlich war die geistig-politische Lage ohnehin nicht. Alle wollten etwas Neues, aber möglichst unter Beibehaltung des Alten. Die von Uhland am 2. März in einem Flugblatt vertretenen Forderungen waren in aller Munde: eine Gesamtverfassung für Deutschland, Presse- und Versammlungsfreiheit, Bürgerwehr. Die Vorstellungen aber, wie das zu realisieren sei, blieben nebulös. Die französische Lösung, bestehende Herrschaften mit revolutionärer Gewalt einfach zu vertreiben, fand kaum irgendwo Anhänger. Man dachte patriotisch und hoffte auf irgendeine Art von deutscher Vereinigung, irgendwie als Bundesstaat, möglichst unter Einschluss Österreichs (aber nur deren Stammlande?) und durchweg mit Bedenken gegenüber Preußen, aber man hatte nicht Wege und Mittel, tatsächlich irgendetwas durchzusetzen. Erwartet wurden Zugeständnisse der Obrigkeiten, und die zeigten sich sogar bereitwillig, solange ihre Macht in der Substanz nicht gefährdet war.

Bezeichnenderweise bekundete Mörike am 14. Juli Hartlaub gegenüber seine besondere Wertschätzung des Präsidenten im Paulskirchen-Parlament Heinrich von Gagern, denn der vertrat nun völlig eine Strategie der Kompromisse, nicht nur im praktischen Vorgehen, sondern auch im politischen Konzept. Er wollte eine neue Freiheit des Volkes *und* Fortbestand der alten Herrschaften, »Volkssouveränität« *und* Treue zum »Prinzip der Monarchie«, beides gleichzeitig, eine Quadratur des Kreises. Es war, sicherlich auch bei Mörike selbst, eine Konstellation, die in der Psychologie als Doppelbindung bekannt ist. Die Loyalität gegenüber den alten Herrschaften und Staatsgebilden wollte man nicht aufkündigen, aber eine neue gesamtdeutsche Ordnung über diese hinaus wollte man doch. Solche Doppelbindung führt im Effekt zur Handlungs-unfähigkeit. Und die Gewinner sind dann – und waren es auch nach 1848 – die alten Mächte, die vom Strohfeuer eines politischen

Enthusiasmus, das sich (nicht allein in der Paulskirche) zudem vorwiegend in den Köpfen und Herzen der Gebildeten entzündet hatte, ganz und gar nicht erschüttert wurden.

Mörikes Begeisterungsnotiz vom 24. März »Wer hat sich in diesen paar Wochen nicht größer als sein ganzes Leben lang empfunden!« ist darum auch so politisch nicht, wie es den Anschein haben könnte. Denn sie ist erkennbar ein Ausdruck von hoher Emotionalität, nicht ebenso erkennbar von politischer Vernunft. Ähnlich kann sich ein begeistertes Nationalgefühl angesichts der schleswig-holsteinischen Frage Luft machen. Da äußert Mörike unverblümt, wie er »mit stillem Jubel den heimgepantschten Dänen die Zunge nachstreckte«: das diffuse deutsche Einheitsgefühl gelingt noch am besten in der gemeinsamen Front nach außen, wobei dann die Tatsache vernachlässigt werden kann, dass der Konflikt mit Dänemark in erster Linie dem Machtkalkül Preußens willkommen war.

Weil Wien und Berlin sich zunehmend wieder auf ihre Kräfte besannen, scheiterte das Experiment der Paulskirche, das für sich einfach keine Machtbasis besaß und auch keine gewinnen sollte. Eine linke Minderheit, das »Rumpfparlament«, beschloss trotzdem eine Fortsetzung der Verhandlungen in Stuttgart, unter ihnen Uhland, der mitmachte, obwohl er eigentlich längst resigniert hatte. Er kam mit weiteren süddeutschen Abgeordneten Anfang Juni 1849 in Mergentheim vorbei und besuchte dabei auch Mörike. Natürlich wurden noch einmal die politischen Verhältnisse angesprochen, aber Uhland »gab überhaupt wenig Hoffnung zu einer erträglichen Lösung der Dinge«, wie Mörike am 11. Juni notierte. Schon am 18. Juni wurde das Stuttgarter Parlament von einer Abteilung Kavallerie auseinander gejagt. Der begeisterte politische Aufbruch hatte damit, auch für Mörike, ein unrühmliches Ende gefunden.

Im August 1848 finden wir ihn wieder intensiv mit der Bekämpfung seiner Beschwerden beschäftigt, diesmal bei einer

Kur in Bad Teinach, zu der Hartlaub geraten hatte. Mörike hatte eingewilligt, trotz Kerners Widerspruch: »Ach, lieber Freund, das hilft Sie nichts.« Kerner war im Juli unangekündigt bei Mörikes in Mergentheim vorbeigeschneit, »von Schweiß bedeckt, schnaufend und nach seiner Art zankend«, hatte Mörike nach Weinsberg eingeladen, weil ihm einzig das Magnetisieren helfen würde, und hatte sich sehr aufgeräumt und herzlich gegeben: »Wir machten nämlich Du und Du, er hatte sich ein paarmal so verredet und es zuletzt mit einem nassen Kuss besiegelt. Er ist noch dicker worden als er war, doch darum nicht schwerfälliger.«

Bei der Reise nach Teinach macht Mörike in Möttlingen für ein paar Tage Station und nimmt die Beziehung zu Blumhardt wieder auf, die über zwei Jahrzehnte brachgelegen hatte. Es wurde eine Begegnung, die ihn tief beeindruckt hat und die ihm nach eigenem Zeugnis »ewig denkwürdig bleiben« sollte. Weniger die Methoden als die Person Blumhardts selbst scheinen eine derartige Wirkung auf ihn ausgeübt zu haben, dass er von einem »unfasslichen Schritt meiner Besserung« und von einem »Gotteswerk« spricht, das ihn nachher auch veranlasst, Blumhardt zu verteidigen in seiner »vielfach angefochtenen Wirksamkeit, die dem gelehrten Pöbel notwendig ein Ärgernis sein muss«.

Allerdings, die gesundheitlichen Schwächen meldeten sich in der Folgezeit bald wieder und auch die wirtschaftlichen Nöte hielten an. Beinahe schon verzweifelt wurde nach Auswegen gesucht. Im Frühjahr 1851 reifte der überraschende Plan, die Geschwister könnten im schweizerischen Thurgau unweit von Konstanz ein Mädchenpensionat eröffnen und auskömmlich betreiben. Mörike war mit Klärchen hingereist, hatte in Egelshofen Quartier bezogen und mit der Schwester die Idee ausgesponnen. Die Landschaft des Bodensees lockte und außerdem schien die Gelegenheit günstig, sowohl einen regelmäßigen Erwerb zu haben als auch mit Gretchen zusammen den Mergentheimer

Familienanhang hinter sich zu lassen und einen gemeinsamen neuen Boden zu betreten. Aber der Traum verflog, bevor er nähere Gestalt annehmen konnte, Mörike wäre auch in der Rolle eines Pensionatsleiters schwer vorstellbar gewesen.

Danach schien nur noch Stuttgart eine Lösung der Schwierigkeiten zu versprechen, selbst wenn Mörike gestand: »Vor Stuttgart graut mir insgeheim.« Das städtische Leben kam seiner Natur in der Tat nicht entgegen, und die beengten dürftigen Verhältnisse, in die er dort hineingeraten sollte, gaben den anfänglichen Befürchtungen nur zu nachdrücklich recht. Aber er hatte keine Wahl. Die Eheschließung mit Margarethe Speeth stand bevor und war nicht zuletzt unter dem Druck der Mergentheimer Verhältnisse nicht länger hinauszuschieben. Und mit der Eheschließung verschärfte sich die Einkommensfrage. Die Hoffnung auf eine Anstellung in der Bibliothek des Königs zerschlug sich, es blieben Versuche, durch buchhändlerische Tätigkeiten und »Frauenzimmer-Lektionen« hinzuzuverdienen, was notwendig war. Mörike bezog zur Sondierung der Möglichkeiten eine kleine Wohnung zuerst in der Rotebühlstraße, bald darauf in der Augustenstraße. Er ist in seinen Stuttgarter Jahren nicht weniger als zehnmal umgezogen, so dass Theodor Storm sehr zutreffend von seinem dortigen »beweglichen Wanderzelt« gesprochen hat.

Durch freundschaftliche Vermittlung des Rektors Karl Wolff gelang im Herbst 1851 schließlich eine Berufung des Dichters ans Königliche Katharinenstift, die Stuttgarter »Anstalt für Bildung der Töchter der mittleren und höheren Stände«. Die Aufgaben, die ihn dort erwarteten, waren dem Umfang nach gering. Im Lehrfach »Deutsche Literatur«, das bis zu seinem Tod Gustav Schwab versehen hatte, waren zwei Wochenstunden in den Oberklassen zu erteilen. Ein schöner, den Neigungen und Befähigungen Mörikes entgegenkommender Auftrag.

Nachdem diese Dinge geregelt waren, konnte die Hochzeit

vorbereitet werden. Die Verbindung des evangelischen Pfarrers mit einer Katholikin war zumindest ungewöhnlich und eine Bewilligung durchs Konsistorium angezeigt. Mörike hat sie erbeten und erhalten. Konsistorialrat Stirm, mit dem er ein Gespräch zu führen hatte, unterließ es nicht, den 47-jährigen auf die Brisanz einer konfessionsverschiedenen Ehe aufmerksam zu machen, versicherte aber zugleich, dass dem Antragsteller keine Nachteile erwachsen würden, auch nicht im Blick auf seine Pension. – Am 9. August hielt Mörike mit einem Brief aus Stuttgart bei Josepha von Speeth förmlich um die Hand ihrer Tochter an. Er erklärte, dass Gretchen in Angelegenheiten ihrer Konfession »völlige Freiheit« erwarten dürfe und äußerte sich im übrigen – auffallend und ausführlich – über das vorgesehene gemeinsame Leben zu dritt. Klärchen ebenso wie Gretchen würden »eine Trennung kaum verschmerzen«, betonte er, und sie hofften nun miteinander, »in einer weit entschiedeneren und deshalb sicherlich für Alle viel glücklicheren Weise vereinigt zu werden«. – Am 25. November 1851 fand die Trauung in der evangelischen Kirche von Mergentheim statt. Man hatte kein rauschendes Fest geplant. Es war eine Familienfeier und der willkommene Anlass, die Mergentheimer Zeit anständig zu beenden und zu einem gemeinsamen Leben unter neuen Bedingungen in Stuttgart aufzubrechen.

DAS STUTTGARTER HUTZELMÄNNLEIN

Frühere Ideenskizzen und Vorentwürfe aufgreifend, hat Mörike zu Beginn seiner Stuttgarter Zeit das große Märchen geschrieben, das schon bald nach seiner Veröffentlichung begeisterten Beifall fand und das bis heute mit dem Namen des Dichters aufs engste verbunden geblieben ist: DAS STUTTGARTER HUTZELMÄNNLEIN.

Titelblatt der Erstausgabe von
»Das Stuttgarter Hutzelmännlein« 1853

Es ist weniger ein einzelnes Märchen als ein ganzes, mit etlichen inhaltlichen Fäden zusammengebundenes Märchenbuch, originell in der Sprache, von einer blühenden und manchmal schier atemlosen Phantasie vorangetrieben und doch wieder verliebt in bunte und merkwürdige Details, voller Komik und insgesamt getragen von einem Humor, der den erzählten Dingen eine bezwingende Heiterkeit verleiht. Das überrascht, wenn man sich Mörikes allgemeine Lebensumstände dieser Monate vor Augen führt. Und es stimmt doch wieder, wenn es überhaupt charakteristisch für ihn war, dass sein Humor ein glückliches Gegengewicht darzustellen vermochte gegen alles Belastende in seinem melancholischen und hypochondrischen Wesen. Das HUTZELMÄNNLEIN erscheint insofern auch als ein Stück Gegenentwurf zu den erlebten und empfindlich erlittenen Zwängen des Lebensalltags, als ein Stück poetischer Selbsttherapie gleichsam, die es dem Dichter erlaubte, sein seelisches Gleichgewicht zu behaupten. Wenn es sich nahe legt, diese besondere und im Vergleich zu anderen Werken Mörikes recht eigenwillige literarische Frucht aus dem Jahre 1852 auch unter diesem Aspekt zu sehen, bedeutet dies keinesfalls eine Minderung ihrer Qualität. Das HUTZELMÄNNLEIN ist ohne Frage eine Kostbarkeit, mit der sich zu beschäftigen heute nicht geringeren Genuss verspricht als vor anderthalb Jahrhunderten.

Die Machart des Ganzen entspricht Mörikes Modell: da ist eine Rahmenhandlung und in die wird eine Fülle weiterer Stoffe hineinkomponiert, schwankhafte Geschichten, märchenhafte Episoden, Verse und Lieder. In Würdigungen des HUTZELMÄNNLEINS wird gern David Friedrich Strauß zitiert, der es »ein wahres Mausnest von Fabeleien« genannt hat. Aber das war von Strauß nicht beifällig, sondern höchst kritisch gemeint, er hielt das Werk für ein »misslungenes Produkt einer verwilderten oder besser vergrillten Phantasie«, planlos daherwuchernd, ohne alle Stringenz und liederlich in der Zeichnung der Charaktere. Im Grunde war dies der Einwand des Rationalisten gegen die Fabulierlust des Dichters und die wenig sinnvolle Einforderung von Verstandesordnung auf einem kunterbunten Tummelplatz der Phantasie.

Den Rahmen des Ganzen bildet die Geschichte vom Stuttgarter Schustergesellen Seppe, der sich auf Wanderschaft über die Alb nach Blaubeuren und Ulm begibt und dazu vom Hutzelmännlein, dem Kobold des Schusterhandwerks, wunderbar ausgerüstet wird. Er erhält nämlich »ein Laiblein Hutzelbrot«, das in Schwaben als Weihnachtsgebäck unverzichtbar ist, aber hier die besondere Eigenschaft besitzt, niemals alle zu werden, sondern sich stets zu regenerieren, solange man es nicht völlig vertilgt. Dazu bekommt der Seppe zwei Paar Schuhe, die noch wichtigeren Glücksträger, weil diese am Ende zusammenführen sollen, was in der Liebe füreinander bestimmt ist. Aber das Glückskind Seppe verwechselt gleich am Anfang die Paare, zieht selber einen für ihn und einen für seine spätere Braut bestimmten Schuh an und deponiert, wie ihm geheißen, das andere, jetzt freilich unvollkommene Paar an verborgener Stelle vor der Stadt.

Die Reise führt den Schustergesellen über Dörfer der Alb bis nach Ulm, mit reichlicher Gelegenheit für den Erzähler, Anekdotisches, Lokales, Schnurriges einzuflechten, um den Spottreim vom Scherenschleifer eine Posse zu erfinden, einen Böhringer Grobian auf dem Fuhrwerk dupiert sein zu lassen und in ein Wirtshaus mit weinseligen Liedern zu versetzen:

> Und wer kein Pietist
> Und auch kein Hundsfott ist,
> Der mag sich wohl beim Wein erfreun –
> Mein letzter Schluck soll ehrlich sein!
> So meint's ein guter Christ.

In Ulm verdingt der Seppe sich bei einer attraktiven Schusterswitwe, ist nach zwei Monaten »mürb und gar bereits vor Liebe zu der Meisterin« und macht ihr – eine der vergnüglichsten Szenen – während er auf der Leiter im Rauchfang die Würste sortiert, schamhaft den Hof. Und als er, mit dem Kopf im Finstern und darum nicht in der Verlegenheit, seiner Geliebten ins Gesicht schauen zu müssen, beklagt, dass ein armer Teufel heutigentags weit suchen müsse nach einem rechten Weibe, und sie ihm prompt entgegnet, man suche auch erst einmal in der Nähe, da schießen dem Seppe »bei dem Worte die Flammen in die Backen, als wollten sie oben zum Schornstein ausschlagen«. Trotzdem, das Glück dieser Verlobung währt nicht lange, der weiße Sittich der Schustersfrau schnappt und verputzt jenen magischen Rest vom Hutzelbrot, dessen Erhalt die ewige Wiederkehr des gleichen Gebäcks garantierte, wird daraufhin aber beredt und entlarvt die brave Witwe als Giftmörderin an ihren beiden früheren Ehegatten. Für Seppe begreiflicherweise Anlass genug, das Weite zu suchen und mit dem glücklichen Fund des Klötzleins Blei bei Blaubeuren, das das Vermögen besitzt, unsichtbar zu machen, und das das Hutzelmännlein gern in die Hand bekommen hätte, nach Stuttgart zurückzukehren. Dort gerät er umgehend in den Fasnachtstrubel, der angesichts gräflicher Hochzeitsfeierlichkeiten veranstaltet wird, mit Mummenschanz und Artistentheater, und trifft, unter kräftiger Zaubermitwirkung des Hutzelmännleins, auf dem Seil mit dem zweiten Paar Glücksschuhen zusammen, in denen die hübsche und ihm alsbald sehr wohl gesonnene Vrone Kiderlen steckt.

In diesen Rahmen sind eine Reihe weiterer Geschichten und Schwänke eingelassen, vor allem die wunderbare HISTORIE VON DER SCHÖNEN LAU, die mit Recht zu den bekanntesten und beliebtesten Werken Mörikes gezählt wird. Der unglücklichen Wasserfrau, deren trauriges Wesen Kinderlosigkeit nach sich zog und die von ihrem Gatten, einem mächtigen Donaunix vom Schwarzen Meer, in den Blautopf verbannt wurde, bleibt als einzige Hoffnung, dass die Weissagung ihrer Schwiegermutter wahr werden möge, wonach sie ein lebendes Kind gebären könne, sobald sie fünfmal von Herzen gelacht habe. Zum Glück steht beim Blautopf in Blaubeuren der »Nonnenhof« mit der ebenso zupackenden wie gutmütigen dicken Wirtsfrau Betha Seysolffin samt Familie, die mit herzlicher Unbefangenheit und deftigen Scherzen schon dazu helfen, die Nixe zum befreienden

Lachen zu bringen. Einmal gelang das sogar sehr indirekt, als die schöne Lau im Traum den dicken Klosterabt ins Freie hinaustreten sah zur Wirtsfrau Betha, die nun aber »als eine dicke Wasserfrau mit langen Haaren in dem Topf (saß), allwo der Abt sie bald entdeckte, sie begrüßte und ihr einen Kuss gab, so mächtig, dass es vom Klostertürmlein widerschallte ...« Und als dem Abt bei seinem lustvollen Fehltritt noch das Käpplein ins Wasser gefallen ist und er nun mit dem nassen Ding zum Kloster zurückwatschelt, lässt Mörike in großer theologischer Unbefangenheit sogar den Herrgott persönlich auftreten und den Abt auf seine feuchte Kopfbedeckung ansprechen. Worauf der – dem Herrgott gegenüber! – sein Heil in einer Lüge sucht:

Es ist mir ein Wildschwein am Wald verkommen,
Vor dem hab' ich Reißaus genommen;
Ich rannte sehr und schwitzet' baß,
Davon ward wohl mein Käpplein so naß.

Des Herrgotts Güte lässt ihn nur eben den Finger mahnend heben, aber die schöne Lau lacht sich über ihren heiter-grotesken Traum einen Schritt näher an ihre Erlösung heran.

In dieses gesamte bunte Märchengeflecht gehören ferner der Schwank von Doktor Veyllands wunderbarem Stiefelknecht, die Farce vom Hofnarren Jobst und seiner künstlichen Reliquienherstellung und die wundersamen Geschichten von der kostbaren Perlenschnur und vom Krackenzahn. Alles zwanglos zusammengefügt und alles gleichermaßen amüsant zu lesen: ein unsterblich schönes Märchen-Potpourri der guten Laune.

Ohne Zweifel ist das HUTZELMÄNNLEIN das schwäbischste unter den Werken Mörikes. Albrecht Goes hat augenzwinkernd dazu bemerkt, dass Schwaben meinten, »einige Zaubereien, ein paar heimlichste Reize seines Werkes seien nur für uns vernehmbar und nur für uns gewachsen«. Dem soll nicht widersprochen werden, auch wenn das Mundartliche im HUTZELMÄNNLEIN keineswegs beherrschend auftritt. Wohl kommt es vor, in etlichen Wendungen und volkstümlichen Versen, sogar in einem großen Mundart-Gedicht (LIEB IN DEN TOD: »Uffem Kirchhof, am Chor« …) und besonders in der durchgängigen Verwendung eines eigenwilligen Wortschatzes, den Mörike im wesentlichen dem »Schwäbischen Wörterbuch« von Johann Christoph Schmid verdankt und nach aufkommender Germanistenart in einem Glossar am Ende der Erzählung minutiös erläutert hat. Die Sprache überhaupt ist in diesem Märchen so ungewohnt neu, weil bewusst und konsequent altertümlich geprägt, kräftig in den Bildern, drastisch in den Ausdrücken und mit einem ganz eigenen Zungenschlag und Klang, den Mörike in dieser Weise sonst nicht gepflegt hat. Der Handlung, die im Mittelalter, zu Zeiten von Graf Eberhard I. angesiedelt wird, soll der gesamte Sprachstil entsprechen, nicht in einem – Mörike ganz fremden – historisierenden Interesse, sondern aus Gründen des Kolorits, der künstlerischen Färbung und der atmosphärischen Nähe zur erzählten Vergangenheit.

Thomas Mann hat das HUTZELMÄNNLEIN gerade wegen des archaisierenden Deutsch mit Vergnügen gelesen, das von Mörike mehr unmittelbar nachempfunden als exakt gelernt worden war. Und es ist auffällig: Thomas Mann las Mörikes Märchen am Ende seiner Arbeit zum DOKTOR FAUSTUS, Mitte der vierziger Jahre. Danach schrieb er, sozusagen als Satyrspiel nach der Tragödie, seine Erzählung DER ERWÄHLTE nach einem alten Legendenstoff. Und diese ins Mittelalter versetzte Erzählung lebt nach Mörikes Märchen-Vorbild ebenfalls von einer kunstvoll altertümlichen Erzählsprache, die mit viel Sprachwitz und Humor präsentiert wird.

Zu Mörikes Humor gehört seine Liebe zur Heimat. Sie hat im HUTZELMÄNNLEIN den schönsten und vielfältigsten Ausdruck gefunden. Im sprachlichen Idiom und in der Zeichnung der

Landschaften und Orte; in der Darstellung der Menschen samt dem, was er ihnen abgelauscht hat auf dem Markt und in der Wirtschaft, bei der Arbeit und am Feierabend. Man kann die Wege nachvollziehen, die er seinen Seppe wandern ließ, und bei lokalen Denkwürdigkeiten Station machen, selbst wenn sie in seiner Erzählung nicht alle historisch gesichert sind. So der freie Platz auf der Wolfschlugener Höhe, wo der Seppe auf dem Heimweg Rast macht und »noch einmal die ausgestreckte blaue Alb, den Breitenstein, den Teckberg mit der großen Burg der Herzoge« anschaut und dann bei ein paar uralten Linden auf einer Bank den mit Kreide geschriebenen Vers antrifft:

> Ich habe Kreuz und Leiden,
> Das schreib' ich mit der Kreiden,
> Und wer kein Kreuz und Leiden hat,
> Der wische meinen Reimen ab!

Der Spruch ist alt, in mehreren Varianten überliefert und von Mörike, wie er im Anhang selbst mitteilt, frei übernommen worden. Dieser Umstand kann allerdings nicht die von Theodor Storm und Ludwig Uhland gehegte Vermutung stützen, Mörike habe, ohne es im einzelnen offen zu legen, in seinem HUTZELMÄNNLEIN allenthalben auf alte Märchenmotive und Volkstraditionen zurückgegriffen, selbst wenn Uhland, dem fleißigen Sammler und Interpreten mittelalterlicher Poesie, der Nachweis einer älteren Fassung vom unsichtbar machenden Zahn gelang. Mörike konnte das nur verblüfft zur Kenntnis nehmen und im übrigen Theodor Storm gegenüber im April 1854 versichern, es sei »Alles frei erfunden, zum wenigsten hielt ich's bis jetzt dafür«. Daran zu zweifeln, besteht kein Anlass. Denn Mörike besaß beides: das Einfühlungsvermögen in den Geist und in die Stimmung der alten Volksmärchen sowie die Phantasie, eigenständig märchenhafte Figuren und Handlungen entstehen zu lassen.

In Stuttgart betrat Mörike noch einmal öffentliches Pflaster, in Maßen. Es bekam ihm ja auch nur in Maßen. Der Weg, der ihn dorthin geführt hatte, war kein Weg zur persönlichen Wunscherfüllung gewesen, sondern einer aus bitterer Notwendigkeit: Anpassung an die Bedingungen des Auskommens in der bürgerlichen Gesellschaft. Doch es ließ sich recht ordentlich an in der neuen, alten Umgebung. Die »Fräuleinslektionen« am Katharinenstift beschäftigten, aber sie strapazierten ihn nicht. Ob die höheren Töchter tatsächlich begeistert waren? Man hat es angenommen. Jedenfalls musste Mörike fleißig Verse in die Tagebücher eintragen, die ihm vorgelegt wurden. Und manchmal erschien allerhöchster Besuch: 1865 nahm die »Frau Königin« an einer Lektion teil, notiert er am 2. Dezember: »Sie tat am Anfang einige Fragen an mich, nahm dann mit einer Häkelarbeit Platz und bezeugte schließlich ihr Interesse an dem Gegenstand (Nibelungenlied, Siegfrieds Tod) und war recht freundlich.«

Inzwischen kannte man ihn, würdigte den Dichter und ließ es ihn spüren. Es hatte lange gebraucht bis dahin, und Mörike hatte es hinnehmen müssen. Etliche seiner Veröffentlichungen, nicht nur der NOLTEN, waren ziemliche Ladenhüter gewesen. Sein Erfolg reifte langsam wie guter Wein, und was er an Kostbarkeiten auftischte, mundete nur einer begrenzten Zahl von Kennern. In Stuttgart freilich wurden es mehr. Nicht zuletzt im Zuge der »Damenvorlesungen«, die er im Oberen Museum hielt und die ein begeistertes Echo fanden. Er las deutsche Gedichte, Shakespeare, Goethe und auch, vor dessen Veröffentlichung, aus dem HUTZELMÄNNLEIN. Das lag ihm, auch von der rhetorischen Seite her, und die dazu erforderliche Kraftanstrengung und Ausdauer fielen ihm offensichtlich sehr viel leichter als entsprechende Leistungen auf der Kanzel.

Zum Beifall des gebildeten Publikums gesellten sich nun auch öffentliche Ehrungen. Die Philosophische Fakultät der Universität Tübingen verlieh ihm 1852 den Titel eines Ehrendoktors, der ihm lieb war, weil es ihm wenig behagte, allein im zweifelhaften Status eines frühpensionierten Pfarrers auftreten zu können. Dieses Anliegen, an Theodor Vischer herangetragen, fand also Erhörung. Hinzu kam 1856 die vom König ausgesprochene Ernennung zum Professor am Katharinenstift. Und ehe man sich in Württemberg zu noch ausdrücklicheren Ehrenbezeugungen aufraffte, war im Herbst 1862 Bayern dabei, den Dichter auszuzeichnen. Er erhielt den renommierten Maximiliansorden für Kunst und Wissenschaft, überraschend und für ihn selber mit der erklärten »Empfindung, als liege ein seltsamer Irrtum zu grund«. Die kleine Geschichte dieser Ordensverleihung ist so hübsch, dass man sie festhalten muss. Mörike hat sie in Briefen vom 29. November und vom 10. Dezember 1862 erzählt. Da platzte Ende November die telegraphische Nachricht von der Ernennung in den abendlichen Familienkreis: Mörike »las, während die Andern plauderten, in einem frisch erhaltenen Buch den Anfang einer philosophischen Abhandlung ›Über Wahrscheinlichkeit‹, als mir das Unwahrscheinlichste, ja etwas, woran ich nie einen Gedanken gehabt, ins Zimmer gebracht wurde«. Anfang Dezember erscheint dann Graf Reigersberg, der bayerische Gesandte, in Mörikes Stuttgarter Wohnung, »ein munterer, militärisch aussehender Herr mit dickem Schnurrbart. Bei seinem Eintritt in mein Zimmer war hinter ihm die Tür nur angelehnt geblieben, so schlichen die zwei Kinder (die Töchter Fanny und Marie) neugierig herein und näherten sich nach und nach dem Tisch, auf dem die Sachen ausgebreitet lagen. Als sie sich auf einen Wink von mir entfernen wollten, hielt ihnen der Mann freundlich das offene Etuis unter die Augen. Es ist die schönste Dekoration, die wir haben, sagte er, und in der Tat ist sie sehr schön. Es hatten, bemerkte er ferner, verschiedene Leute in München begierig darauf gewartet.« – Die Württemberger zogen nach. 1864 wurde Mörike »in Anerkennung seiner ausgezeichneten Leistungen auf dem Gebiete der deutschen Dichtkunst« das Ritterkreuz erster Klasse des württembergischen Friedrichsordens verliehen. Nun war er würdig dekoriert, ein geschätzter Dichter des Landes – und nach wie vor in bescheidenen Verhältnissen wohnend und knapp bei Kasse. Zuwendungen wie die von der Deutschen Schiller-Stiftung 1863 in Höhe von 300 Talern waren da mehr als willkommen.

Denn die Familie war gewachsen. 1855 war die ältere Tochter Fanny, 1857 die jüngere Marie geboren, die zartere, introvertiertere, mit der der Vater sich besonders verbunden fühlte und die ihn auch bloß um ein Jahr überleben sollte. Mörike war gern mit den Kindern zusammen, spielte mit ihnen, erzählte, machte Verse zu diesen und jenen Gelegenheiten. Poetisches für den Hausgebrauch, auch Gretchen betreffend und Klärchen, die Frau und die Schwester an seiner Seite. Noch hielt der Lebensbund zu dritt, auch wenn sich da und dort ein vielsagendes Wetterleuchten einstellen mochte, das namentlich um die beiden Frauen und ihr Verhältnis zueinander entstand. Man konnte sich Reisen in bescheidenem Umfang leisten, an den Bodensee, nach Bregenz, Lindau und – näher – einen Urlaub in Bebenhausen, wo Mörike als Gast des Rektors Wolff wohnen durfte und in den BILDERN VON BEBENHAUSEN die Schönheiten des alten Zisterzienserklosters besang.

Neue Kontakte entstanden in diesen Stuttgarter Jahren, zu Theodor Storm, der ihn nach vorangegangenem Briefwechsel 1855 besuchte und später in Erinnerung an diesen Besuch treffliche Beobachtungen zu Mörikes Person festhielt, zum Beispiel den »ihm innewohnende(n) Drang, sich alles, auch das Abstrakteste, gegenständlich auszuprägen« oder die von ihm selbstverständlich gepflegte, von Storm allerdings mit Verwunderung bei dem »Dichter Mörike« registrierte Sitte des Tischgebets. Auch Friedrich Hebbel suchte Mörike auf, zuerst 1857, dann im Frühsommer 1862, auf seiner Reise von London nach Wien, und Mörike konstatierte »einen sehr erfreulichen Besuch«.

Zu einer echten neuen Freundschaft geriet freilich in seinen vorgerückten Jahren nur die Begegnung mit dem Münchener Maler Moritz von Schwind. Mörike hatte den Anstoß dazu gegeben, als er sich entschloss, an Schwind zu schreiben und ihn, auf Anregung anderer hin, um eine Zeichnung zu seinem Gedicht ERINNA AN SAPPHO zu bitten. Beides zusammen sollte dann in der illustrierten Zeitschrift »Freya« erscheinen. Er wisse, so räumt Mörike in seinem Brief vom 9. November 1863 ein, »wie unwillkommen einem Künstler meist dergleichen von außen dargebotene Aufgaben sind«, und Schwind kam diesem Anliegen auch tatsächlich nicht nach. Jedoch nicht, weil ihm die Sache zu lästig oder Mörike selbst gleichgültig gewesen wären, sondern weil das vorgeschlagene Gedicht ihm ein ungeeignetes Objekt für eine Wiedergabe im Bild zu sein schien. Seinem eigenen Wesen und Kunstschaffen entsprach weit mehr die Welt des Phantastischen, das Märchen- und Sagenhafte, mit all seinen verspielten, grotesken und auch humorhaltigen Zügen, und dazu fand er mühelos bei Mörike reichlichen Stoff. Vor allem im »Märchen vom sichern Mann« und bei der »Schönen Lau«, die er liebevoll und aufwendig und zu Mörikes großem Entzücken illustrierte. Schwind hat den Dichter wiederholt besucht, zum ersten Mal in Stuttgart 1864, nachher auch in Lorch, und beide haben sich bei all ihrer persönlichen Verschiedenheit nicht nur glänzend verstanden, sondern auch gegenseitig angeregt und bereichert. Für Mörike war der vitale, von Energie und Ideen meist sprühende, humorvoll-deftige Schwind wie ein leibhaftiges Aufputschmittel in Zeiten nachlassender eigener Spannkraft, auch wenn er das

1868 einmal Hartlaub gegenüber so darstellt: »Er ist allerdings ein unruhiger Gast, der einen auch ziemlich in Atem hält. In seinem Wesen liegt eine gewisse Gewalttätigkeit, vor welcher die Meisten wohl scheu zurückweichen.« Um dann allerdings fortzufahren: »Das Genialische an einem Menschen aber hab ich nicht leicht so wie bei ihm empfunden.«

In den Stuttgarter Jahren entstanden, ehe – lange vor seinem Tod – der poetische Gestaltungswille praktisch zum Erliegen kam, noch einmal eine Reihe von Gedichten, darunter das erwähnte ERINNA AN SAPPHO, eine beklemmende Imagination plötzlich aufschei-

Mörike und seine Familie,
Photographie von Friedrich Brandseph um 1860

nender Todesahnung; der BESUCH IN DER KARTAUSE, von Strauß als eines der schönsten Gedichte Mörikes gerühmt; die BILDER VON BEBENHAUSEN und die Endfassung vom ALTEN TURMHAHN. 1854 schickt er den Text an Theodor Storm mit der Bemerkung: »Tatsache ist an dem Spaß, dass ich als damaliger Pfarrer in Cleversulzbach aus Anlass einer Kirchenreparatur das alte Inventarstück zu mir nahm, auch es noch jetzt besitze. Der Pfarrer wurde aber durch Verlegung in eine frühere Zeit ehrwürdiger gemacht und ihm Weib und Kinder geschenkt. Das Ganze entstand unter Sehnsucht nach dem ländlich pfarrkirchlichen Leben.«

Im erzählenden Werk folgte nach dem HUTZELMÄNNLEIN das kurze, aber einen ganz anderen, nämlich den orientalischen Ton anschlagende Märchen DIE HAND DER JEZERTE. Es ist von herber, durchsichtiger Klarheit und erinnert nicht allein durch ein wiederholtes »Und sieh«, sondern durch die ganze geradlinige, auf alles ausschmückende Beiwerk verzichtende Erzählweise an arabische und hebräische Vorbilder. Man könnte das Märchen ebenso gut eine Legende nennen, weil es, am Hof eines Königs Athmas spielend, die Geschichte der reinen Jezerte mit ihrer unverletzlichen Liebe über deren Tod hinaus erzählt sowie den Sieg der Liebe über die Eifersucht und der Reue über die Schuld. Harry Maync, der ausgewiesene Kenner des Mörikeschen Lebenswerkes, hat es besonders geschätzt und hoch bewertet: »Dieses geniale Märchen ist ein Kleinod, dem Werk eines Goldschmieds gleichend, und gehört zum Schönsten, was Mörike geschaffen hat.« – Auf jeden Fall aber gehört zum Schönsten aus Mörikes Feder die Novelle, die er 1855 vollendete und – vordatiert auf 1856 – bei Cotta veröffentlichte: MOZART AUF DER REISE NACH PRAG.

Eduard Mörike,
Scherenschnitt von Paul Konewka 1869

DIE MOZART-NOVELLE

In kurzem Abstand nach dem
HUTZELMÄNNLEIN schreibt Mörike die Novelle MOZART AUF DER
REISE NACH PRAG. Verschiedener allerdings könnten zwei Erzäh-
lungen kaum ausfallen, sowohl was den Stoff als auch was den
Stil angeht. Mörike war virtuos in verschiedenen Formen. Das
HUTZELMÄNNLEIN ist prallvoll von Geschichten, komischen und

abenteuerlichen Ereignissen. Im MOZART ereignet sich dagegen kaum etwas. Die Erzählung bildet die Momentaufnahme eines Reisetages, darin formal den Ansprüchen an eine Novelle streng genügend, die eine Begebenheit in der Einheit von Zeit, Ort und Handlung verlangt. Im HUTZELMÄNNLEIN versprüht eine unbändige Phantasie ihre farbigen Funken. Im MOZART wird das Erzählte umsichtig komponiert. Dann die Sprache: im HUTZEL-MÄNNLEIN erscheint sie eigenwillig altertümelnd und darum stets zu Überraschendem bereit. Im MOZART ist es die Hochsprache der besten epischen Literatur im 19. Jahrhundert.

Und endlich die Hauptsache: das ganze HUTZELMÄNNLEIN lebt im Milieu der Märchen, empfängt seine Spannung, erzielt seine Pointen und vermittelt Bedeutung aus dem Reich der transrealen Kräfte und Mächte, der Kobolde und Nymphen und der magisch wirksamen Dinge. Im MOZART dagegen erscheint nichts von alledem – nicht, dass die Momente der Imagination fehlten, aber diese brauchen nicht mehr den Sprung über die Grenze des real Begreiflichen. Sie benötigen nicht den Stoff aus den Arsenalen einer reinen Phantasieschöpfung. Der MOZART wird so zu einem literarischen Kunstwerk aus dem Geist des Realismus. Im Grunde Mörikes einziges in dieser Art und sein letztes erzählerisches Werk überhaupt. Beinahe erscheint es so, als habe er damit einen Schlusspunkt seines Schaffens gesetzt, über den hinaus Neues und Mitteilenswertes nicht mehr zu erwarten war. Woran mag das liegen?

Die Mozart-Novelle ist ein Stück deutschsprachiger Literatur von hohem Rang. Sie behält, nach einhelligem Urteil der Literaturkritik, ihren unverlierbaren Wert, selbst wenn andere Erzählungen Mörikes weithin der Vergessenheit anheim fallen sollten. Denn dieser Mozart ist zugleich Mörike, und der Dichter Mörike porträtiert sich selbst in der Art und Weise, wie er Mozart darstellt an diesem einen Reisetag auf dem Weg nach Prag. Die

Maske, die Mörike in seiner spielerischen Welt- und Selbstdeutung immer geliebt und immer gebraucht hat, um das Eigene in einem Anderen anzuschauen und zu begreifen, wählt er jetzt nur nicht aus den Kostümkammern der Sagen und Märchen, sondern aus den Angeboten der Kulturgeschichte. Und da stand Mozart ihm am nächsten.

Er war ihm nah durch die Musik, die Mörike von Jugend auf begeistert hatte. Erinnert sei nur an den nachhaltigen Eindruck, den die Aufführung des DON JUAN im Stuttgarter Hoftheater 1824 auf ihn gemacht hat. Aber über die Musik und die musikalischen Kompositionen des Wiener Meisters hinaus gab es auch Zugänge zur Person Mozarts, zu seiner Lebensart, seiner heiteren Weltzugewandtheit, seiner Verspieltheit und – seiner Schicksalsunterworfenheit, seiner Nachbarschaft zu Sterben und Tod. Es gab die Entdeckung von Kongenialität. Und es gab die Ahnung einer Schicksalsgemeinschaft. Dies alles hat Gestalt gewonnen in der Novelle. Benno von Wiese: »Mörikes Dasein ist wie eine geheimnisvolle Wiederkehr Mozarts als Dichter … Mozart ist der Spiegel seiner schönsten Möglichkeiten und verborgensten Gefahren, aber auch ein erhöhtes Wunschbild seiner selbst.«

Die Novelle wurde 1855 abgeschlossen, und Mörike denkt an diesem Punkt jedenfalls kaufmännisch, wenn er sie Cotta anbietet mit dem Hinweis: »Das Büchlein könnte als Vorläufer der im Januar 1856 einfallenden Feier des hundertjährigen Geburtstags Mozarts betrachtet und angekündigt werden.« Das hat Cotta, neben der erkannten Qualität des Erzählten, offensichtlich überzeugt.

Mozart befindet sich, so die von Mörike frei erfundene Handlung, gemeinsam mit seiner Frau Konstanze im Herbst 1787 auf der Reise nach Prag, zur Uraufführung des »Don Juan«, der im Augenblick gar nicht einmal vollendet ist. Sie bummeln in ihrer Kutsche durchs Mährische Gebirge, plaudern miteinander und necken sich, etwa wenn Mozart bei einer Rast den prächtigen Wald rühmt und auf Konstanzes Einwand, der Prater könne doch mit ähnlichen Raritäten aufwarten, entschieden antwortet: »Was Prater! Sapperlot, wie du nur das Wort hier nennen magst. Vor lauter Karossen, Staatsdegen, Roben und Fächern, Musik und allem Spektakel der Welt, wer sieht denn da noch sonst etwas? ... Zwei Stunden weit riecht das Gehölz nach Kellnern und nach Saucen.«

Die unbeschwerte Heiterkeit, die gleich zu Beginn das Klima der Novelle bestimmt und als Ausdruck Mozartschen Wesens erscheint, hält sich in den folgenden Szenen durch. Man macht Rast in einem Dorf am Wege, findet Unterkunft in einem Gasthof, in dem Konstanze verbleibt, während Mozart noch zu einem kleinen Spaziergang in den nahen Schlossgarten eines Grafen von Schinzberg aufbricht und auf einer Bank der dortigen Orangerie Platz nimmt. Neben ihm steht ein Pomeranzenbaum mit reifen Früchten, und bei deren Anblick verfällt Mozart in eine träumerische Erinnerung (auch hier wieder das Motiv von den nachhaltig wirksamen Erinnerungen!), und damit gerät auch die Geschichte selbst erst richtig ins Rollen.

Denn geistesabwesend durch »eine liebliche Erinnerung aus seiner Knabenzeit«, die, wie man erst später erfährt, eine Reise mit dem Vater nach Neapel und das Schauspiel sizilianischer commedianti betrifft, welche, in zwei Barken auf dem Wasser verteilt, sich gegenseitig unentwegt Pomeranzen zuwerfen, pflückt Mozart eine Frucht vom Bäumchen ab, genießt, während »eine längst verwischte musikalische Reminiszenz« in ihm wieder aufzuleben beginnt, den Duft der Orange und teilt sie schließlich mit dem Messer in zwei Hälften.

Eine beiläufige kleine Episode, wie es scheint, aber genau das Beiläufige ist in Mörikes Sinne gern das verborgen Gehaltvolle; dasjenige also, worin sich ein Wert eigenwillig verdichtet. Es will dann nur in seinem Wert entdeckt werden, um seine Schönheit, auch seine Wahrheit voll zu entfalten. Das biedermeierliche Sensorium für das Kleine, Abseitige, Unscheinbare kann zur Marotte werden, die nur ins Niedliche verliebt ist. Bei Mörike aber verhält es sich anders, denn bei ihm gewinnt das einzelne, unscheinbare Ding oder der beiläufige Vorgang eine Art Verweischarakter auf Zusammenhänge und Bedeutungen, die viel weiter reichen und ohne dieses bestimmte Ding und ohne diesen Vorgang gar nicht »dingfest« zu machen wären.

Die Sache mit der abgepflückten Pomeranze setzt denn auch einiges in Bewegung. Denn sie berührt nicht nur Mozarts Jugenderinnerung, sondern auch das bevorstehende Verlobungsfest im Schloss, bei dem der Pomeranzenbaum mit seiner würdevollen Geschichte, die bis nach Frankreich in die Zeit Ludwigs XIV. und der Madame de Sévigné zurückreicht, eine wohl vorbereitete Rolle spielen soll. Mozart hat aber die Festpointe erst einmal verdorben, die auf den neun Früchten als symbolischen Vertretern der neun Musen für das Brautpaar aufbaute. Er steht nun als Frevler da, entschuldigt sich – und wird alsbald erkannt und als unverhoffte Attraktion mit seiner Frau freundlich ins Schloss zum Fest geladen. Die von ihm angerichtete Peinlichkeit verwandelt sich unversehens in einen künstlerischen Triumph.

Eugenie, die Braut, singt zu Mozarts Überraschung eine Arie aus dem Figaro; die Verse zum Pomeranzenbaum gewinnen, indem der Orangendieb kunstvoll in die mythische Verklärung der Familiengeschichte einbezogen wird, eine neue Wendung. Man weist jetzt Mozart die Rolle des Phöbus-Apollo zu:

Phöbus überzählt die Stücke,
Weidet selbsten sich daran,
Ja, es fängt im Augenblicke
ihm der Mund zu wässern an.

Lächelnd nimmt der Gott der Töne
Von der saftigsten Besitz:
›Laß uns teilen, holde Schöne,
Und für Amorn – diesen Schnitz!‹

Die Feststimmung steigt, und nachdem Mozart bereits als Ergebnis seiner Träumerei im Schlossgarten »ein Brautlied aus dem Stegreif« geliefert hatte, präsentiert er schließlich noch auf Wunsch der Gesellschaft den »Höllenbrand« aus dem Finale des DON JUAN. Auf diesen Höhepunkt läuft die ganze Novelle hinaus. Mozart spielt das noch unvollendete, bis dahin nie vernommene dramatische Gericht über Don Juan, der »unter dem wachsenden Andrang der höllischen Mächte ratlos ringt, sich sträubt und windet und endlich untergeht«, diese »ganze Legion von Schrecken«: »und jener furchtbare Choral ›Dein Lachen endet vor der Morgenröte!‹ erklang durch die Totenstille des Zimmers. Wie von entlegenen Sternenkreisen fallen die Töne aus silbernen Posaunen, eiskalt, Mark und Seele durchschneidend, herunter durch die blaue Nacht.«

Und Mozart ergänzt, in das betroffene Schweigen hinein, das die Szene in der Festgesellschaft ausgelöst hat: »Ich sagte zu mir selbst: wenn du noch diese Nacht wegstürbest und müsstest deine Partitur an diesem Punkt verlassen: ob dir's auch Ruh' im Grabe ließ'?«

Da ist sie am Tage: nach und mit dem dämonisch-dramatischen Geschehen um Don Juan diese wache Todesahnung des genialen Komponisten. Sie wird von Eugenie, der Braut im Schloss, deutlich wahrgenommen und schmerzlich geteilt. Sie war am Abend schon »von leiser Furcht für ihn, an dessen liebenswertem Bild sie sich ergötzte, geheim beschlichen worden«. Und dann, im Verlauf von Mozarts Spiel: »Es ward ihr so gewiß, so ganz gewiß, dass dieser Mann sich schnell und unaufhaltsam in seiner eigenen Glut verzehre, dass er nur eine flüchtige Erscheinung auf der Erde sein könne, weil sie den Überfluss, den er verströmen würde, in Wahrheit nicht ertrüge.«

Das gilt für Mozart, den heiteren und früh vollendeten, und es ist wie der schicksalhaft verordnete hohe Preis für die Kraft zur hohen Kunst. Mörike hat das für sich selbst immer empfunden, aber doch nicht ebenso erlitten wie der kongeniale Mozart. Ähnlich erlitten hat es statt dessen Wilhelm Waiblinger. Und es scheint, so viel immer von Mörikes persönlicher Eigenart in das Mozart-Bild dieser Novelle eingegangen sein mag, doch ebenfalls Züge vom besonderen Genie und besonderen Schicksal Waiblingers darin zu geben. Den Part des Don Juan, auf dessen Vergegenwärtigung die Novelle zielt, hat Waiblinger extensiv und demonstrativ in seinem jungen Künstlerdasein zu spielen versucht, wobei das Grandiose und das Abgründige sehr nahe beieinander lagen. Gewiss: Waiblinger kannte nicht die Leichtigkeit weltoffener Lebensfreude, die Mozart eigen war und die er mit Mörike teilte. Aber die Todesahnung war in ihm wie im Mozart der Novelle und das Verhängnis des furchtbaren frühen Todes genauso. Und was Eugenie über Mozart äußert, nämlich:»dass dieser Mann sich schnell und unaufhaltsam in seiner eigenen Glut verzehre«, dies trifft nun wirklich nicht recht auf Mörike zu, aber völlig auf seinen schwierigen Freund aus gemeinsamen Jugendjahren.

Dass Mörike mit solchen Farben in der novellistischen Porträtierung Mozarts auch Erinnerungen an Wilhelm Waiblinger aufgenommen hat, wird nicht zuletzt durch ein historisches Detail gestützt. Mörike hatte, wie berichtet, die Einladung zu einer Waiblinger-Biographie Jahre zuvor ausgeschlagen. Aber er hat sich um Waiblingers Würdigung als Dichter bemüht, namentlich durch Edition seiner Gedichte. Und das hat ihn genau im Zeitraum der Entstehung seiner Mozart-Novelle neu beschäftigt. Abgeschlossen hat er diese im Sommer 1855. Zur selben Zeit treiben ihn Gedanken um für eine Neuauflage von Waiblingers Gedichten! Im Dezember

1855 unterbreitet er dazu der Stammerschen Buchhandlung in Pforzheim einen Publikationsvorschlag, denn: »Es hat mich jederzeit gekränkt, das namhafte Verdienst, das Waiblinger als Lyriker unstreitig hat, und das ihn meines Erachtens über manche begünstigte Namen der Gegenwart weit erheben sollte, noch immer im Ganzen sehr wenig gewürdigt zu sehen.« – Es ist unwahrscheinlich, dass das Zusammentreffen dieser Initiative mit der zeitgleichen Ausgestaltung des Mozart-Bildes in der Novelle reiner Zufall gewesen sein sollte.

Die Mozart-Novelle endet mit einem Lied, angeblich einem böhmischen Volkslied, das Eugenie in einem Liederheft beim Klavier findet. Es ist, ganz auf den Volksliedton gestimmt, eines der schönsten Gedichte, die Mörike geschrieben hat:

Ein Tännlein grünet wo,
Wer weiß, im Walde;
Ein Rosenstrauch, wer sagt,
In welchem Garten?
Sie sind erlesen schon,
Denk es, o Seele,
Auf deinem Grab zu wurzeln
Und zu wachsen.

Zwei schwarze Rösslein weiden
Auf der Wiese,
Sie kehren heim zur Stadt
In muntern Sprüngen.
Sie werden schrittweis gehn
Mit deiner Leiche;
Vielleicht, vielleicht noch eh’
An ihren Hufen
Das Eisen los wird,
Das ich blitzen sehe.

In der Erstfassung (mit dem Titel GRABGEDANKEN, 1851) hat die Zeile »Denk es, o Seele« noch gefehlt. Sie wurde nun eingefügt und macht das Lied vollends zu einem poetischen Memento mori. Als solches kann es selbstverständlich auch für sich allein stehen. Aber als Abschluss der Mozart-Novelle und in innerer Korrespondenz mit ihrer Geschichte gewinnt es einen besonderen Akzent. Denn es bindet in einer großen Klammer die kontrapunktischen Stimmungen von Heiterkeit und Schwermut, von Lebenslust und Todesschmerz zusammen, die beiden, Mozart und Mörike, stets gegenwärtig waren. Das Tännlein und der Rosenstock stehen für Lebensfrische und jugendliche Kraft und die schwarzen Rösslein mit ihren munteren Sprüngen darüber hinaus für alle Beschwingtheit und alle unbändige Lust zum grenzenlos sich verströmenden Leben. Aber nahe dabei wartet – Denk es, o Seele – der Schatten des Vergänglichen, der dem Leben unabänderlich verordnete Tod. Die Zeichen dafür begegnen im alltäglichen Umgang: ein Tännlein, zwei schwarze Pferde. Aber die Deutung solcher Zeichen ist Sache einer poetischen Imagination.

Und noch eines: es könnte der Eindruck entstehen, die Novelle ebenso wie das Lied am Ende enthielten ein heilloses Gefälle vom Leichten zum Schweren und vom Leben zum Tod und als sei die Quintessenz des Ganzen zwangsläufig deprimierend, aber das stimmt so nicht. Mozart verlässt ja mit seiner Konstanze das Schloss am folgenden Tag ausnehmend fröhlich und bekommt vom gräflichen Gastgeber sogar eine Kutsche zur Weiterreise geschenkt. Also verschlingt eine dunkle Todesahnung nicht einfach, was dem Leben an Reizen abgewonnen und was an Begeisterung ins Leben investiert werden kann. Eher wird für den Künstler gerade die andringende Nähe des eigenen Todes zu jenem geheimnisvollen Abgrund, der überhaupt erst besondere

Energien freisetzt für die Wahrnehmung und künstlerische Gestaltung des Lebens. Der drohende Tod übt Macht aus über die Seele, in der Tat. Aber es ist nicht allein die Macht der Vernichtung, die ihm zukommt. Es ist auch schöpferische Macht, ohne die ein Mozart nicht der große Komponist und ein Mörike nicht der Dichter werden konnte, der er war.

LORCH, NÜRTINGEN, NOCH EINMAL STUTTGART

Der Lebensabend währte lange, beinahe ein Jahrzehnt, und floss zu einer eigentümlichen Mischung aus angestrebter Zurückgezogenheit und wachsender Unruhe zusammen. Da war der Wunsch anzukommen, ein Zuhause, nicht nur eine Bleibe zu haben, bei sich zu sein. Aber es war eine offene Frage, wo das gefunden werden könnte. Mörike hat die Lösung immer aufs Neue gesucht, mit zahlreichen Wohnungswechseln, mit Ortswechseln, sogar mit Begleiterwechseln. Zum Ziel gekommen ist er nicht.

Im November 1866 zieht er sich aus den Verpflichtungen im Katharinenstift zurück, in Ehren und leichten Herzens. Die Mühen, junge Damen literarisch zu bilden, ist er los (1868 weist er Rektor Karl Wolff auf die »Verbauerungsgefahr unserer wohlerzogenen Catharinen-Stiftlerinnen« hin), aber die spärlichen Einkünfte aus diesen Mühen bleiben ihm erhalten, ein gnädiges Dankeschön des Königshauses. Was nun? An Stuttgart ist er jetzt nicht mehr gebunden, es gibt auch herzlich wenig, von ein paar Freunden abgesehen, was ihn dort hielte. Die Wohnungen, die er sich leisten konnte; verbautes Gelände rundum, kein Garten zur Erholung und zur Muße, viel Umtriebigkeit und Lärm: das entsprach nicht seiner Wahl, es konnte bloß als unvermeidliches Übel ertragen werden. Also heraus aus der Stadt!

Irgendwohin, zurückgezogen und klimatisch angenehm, aufs Land. Es wurde der Beginn kleiner Fluchten in seiner Zeit des Lebensabends.

Im übrigen war es nicht die Stadt allein, der er nach Aufgabe seiner letzten Berufspflichten hoffnungsvoll den Rücken kehrte. Eine Rolle spielten auch die Familienverhältnisse. Die schwierige Lebenskonstellation mit der Ehefrau Margarethe und der Schwester Klara. Die Empfindlichkeiten zwischen den beiden Frauen. Die Reibereien. Die aus ehemaliger Zuneigung immer deutlicher sich entwickelnde gereizte Abneigung. Und die seelische Anstrengung, trotzdem irgendwie miteinander oder nebeneinander auskommen zu müssen. Weg von Stuttgart, das enthielt darum auch die Aussicht auf Trennung, jedenfalls für eine gewisse Zeit. Eine Trennung à la Mörike, sozusagen. Erst blieb Klara mit den Töchtern, die das Katharinenstift weiter besuchen sollten, in der Stuttgarter Wohnung zurück, während Mörike mit Margarethe aufs Land zog. Später drehte man's um; dann war Klara mit ihrem Bruder unterwegs und die Ehefrau bei den Kindern in Stuttgart. Eine Lösung war das nicht, aber eine praktische Beilegung des Konflikts mit aufschiebender Wirkung.

Mitte Juni 1867 beziehen Mörike und seine Frau Margarethe eine Zweitwohnung in *Lorch*. Die kleine Remstalgemeinde entsprach als ländlicher Zufluchtsort ganz dem Geschmack und Bedürfnis des Dichters: »Den größten Teil des Tags ist man im Freien, besonders auf den Höhen, auch im Garten«, schreibt er am 13. August. Der Hohenstaufen ist nicht weit, das Wäscherschlösschen, das er besucht, das ehemalige Kloster in Lorch selbst. Mörike fängt noch einmal an, sich zu begeistern, nämlich fürs Töpfern, eine Töpferwerkstatt im Ort zieht ihn an und regt zu eigenen künstlerischen Versuchen auf diesem Gebiet an, er liebt es, die Gefäße mit Zeichnungen und Versen zu verzieren. Aber vor allem: das Zusammensein mit Margarethe gestaltet sich unerwartet glücklich, alle Wolken scheinen verflogen, man hat Zeit füreinander und neues Verständnis, es ist, als ob die Partnerschaft jetzt überhaupt erst den Raum zum Gelingen gewonnen hätte. Nicht nur Mörike, auch Margarethe wirkt wie befreit und sie notiert fröhlich, wie sie »mit Eduard Hand in Hand und Arm um Arm durch die Fluren und Wälder« gewandert sei.

Aber es ist doch nur ein Zwischenspiel. Zu Weihnachten finden sich beide wieder in Stuttgart ein, erleben die alte, kleine Wohnung, das Wiedersehen mit den Töchtern, mit der Schwester und Schwägerin Klara. Ende Januar bereits erfolgt der zweite Aufbruch nach Lorch, diesmal bleibt Margarethe mit den Töchtern zurück und Klara begleitet den Bruder. Der zweite Lorcher Aufenthalt dauert länger, bis November 1869, zwischenzeitlich wird das Wechselspiel wiederholt: Margarethe bei Mörike, Klara in Stuttgart. Kontakte über diesen engen Familienkreis hinaus sind äußerst dürftig geworden, nur Moritz von Schwind lässt sich blicken im entlegenen Lorch und muntert auf durch seine Art, mit seinen Illustrationen zur »Schönen Lau«. Von den übrigen Freunden stirbt einer nach dem andern, Justinus Kerner und Ludwig Uhland waren schon 1862 gestorben, Mährlen und von Schwind sollten 1871 folgen, Hermann Kurz 1873, David Friedrich Strauß 1874, und es war, als niste sich mit jedem dieser Tode auch ein wenig Tod ein im Leben Eduard Mörikes.

Die Rückkehr von Lorch nach Stuttgart Ende 1869 war von denkbar kurzer Dauer, schon Ende Januar 1870 treibt das unruhige Verlangen nach dem bleibenden Zuhause wieder fort aus der Stadt, jetzt nach *Nürtingen*. Mit der Kleinstadt am Neckar verbinden sich gute Erinnerungen an frühere Besuche, seine Mutter hatte dort gelebt, bevor er sie zu sich nahm, und Hölderlin natürlich, der hoch geschätzte. 1843 hatte Mörike an Hartlaub geschrieben, dass er in Nürtingen einen »längst gehegten Vorsatz« ausgeführt und Hölderlins Schwester, die Witwe eines Professors Bräunlin, aufgesucht habe. »Sie hat die ehemalige Wohnung meiner Mutter inne und ganz dieselben Zimmer.« Die Unterhaltung muss rege und für Mörike ergiebig gewesen sein damals, schließlich bekam er einen »großen Korb mit Manuskripten Hölderlins ins Haus geschickt«. – Aber auch Nürtingen kann mit seinen schönen Wegen ins Vergangene den unruhigen, merkwürdig heimatlosen Mörike nicht halten. Wesentlich dazu beigetragen hat Margarethes Missstimmung, die mit diesem Aufenthaltsort überhaupt nicht einverstanden war. Die Spannungen verstärkten sich, Erkrankungen kamen dazu, und Mörike sucht sein Heil im Ausgleichen, im Beschwichtigen, am liebsten aber, seiner Art entsprechend, im Ausweichen. Die Kriegsereignisse 1870 verfolgt er »in steter Spannung und Aufregung« und mit patriotischem Bewusstsein. Sedan erscheint als Triumph, aber Mörike führt auch Klage angesichts der »furchtbaren Verlust-Nachrichten vom Kriegsschauplatz hierher, wovon auch unser Freundes- und Verwandtenkreis mehrfällig schwer betroffen wurde«.

Im August 1871 wird die Nürtinger Episode abgebrochen. Man kehrt wieder nach *Stuttgart* zurück, zum letzten Mal in die wenig geliebte Stadt, aber längst nicht in die letzte Wohnung. Das Ankommen und Aufbrechen setzt sich fort. Und der familiäre Zwist setzt sich fort. Margarethe fühlt sich unglücklich, verkannt, beiseite geschoben, missachtet. Die kleinen Reibereien, die man eine gute Weile hinnehmen mochte, haben sich zu heftigen Auseinandersetzungen und leidenschaftlichen Szenen gesteigert, und Mörike ist nicht der Mann, dergleichen unbeschädigt auszuhalten. Die Krise erreicht ihren Höhepunkt im Frühjahr 1873, als die Tochter Fanny ohne Mörikes Zustimmung, aber mit ausdrücklicher Unterstützung der Mutter eine überstürzte Verlobung betreibt, die nachher nicht halten sollte.

Mörike ist damit an die Grenze gekommen, die nun auch für ihn Konsequenzen unvermeidlich erscheinen lässt. Im Oktober schreibt er dem befreundeten Friedrich Walther nach Nürtingen, dessen Frau zweimal vergeblich zwischen den Eheleuten zu vermitteln versucht hatte und der nun von Mörike bevollmächtigt wurde, »die Teilung unserer Subsistenzmittel in meinem Namen« zu besorgen. In diesem Zusammenhang führt er aus, was nach seiner Ansicht das Zerwürfnis so tief und hoffnungslos habe werden lassen. Margarethe habe von Anfang an alle eigene Schuld an der Krise bestritten, dann ihrerseits auf völlige Trennung gedrängt und insbesondere »unsere Sache nach allen Seiten hin, ohne Unterschied der Personen, mit Klagen und Verklagen preisgegeben«.

Eine formelle Scheidung hat trotzdem nicht stattgefunden, aber eine nachhaltige Trennung. Sie war nach Lage der Dinge das Gebotene. Gretchen kehrt, zusammen mit Fanny, zurück nach Mergentheim, Mörike bleibt mit Klara und der kränkelnden Marie erst in Fellbach, dann in Stuttgart, zieht um in die Forststraße, zieht um in die Moserstraße. Vermögend waren alle nicht, und die Teilung hat niemanden vermögender gemacht. Die Wunden aus den Streitigkeiten gehen tief und wollen, jedenfalls bei Mörike, nicht vernarben. Krankheiten tun ein Übriges. Die Kraft zum Leben ist dahin, Müdigkeit wird der beherrschende Zustand, Mangel an Appetit, und Schmerzen zwingen zur Morphium-Behandlung. Es ist die Zeit eines ausgehenden Lebens, die der Prediger Salomo die »bösen Tage« genannt hat, »von denen du sagen wirst: ›sie gefallen mir nicht‹« (Pred 12,1). Immerhin: Im Mai 1875 kommt es noch einmal zur Begegnung zwischen den getrennten Eheleuten, Margarethe besucht den geschwächten, todkranken Mörike, beide erleichtern ihr Gewissen, indem sie sich versöhnen. Am 4. Juni, morgens um acht Uhr, stirbt der Dichter. Die Bestattung findet auf dem Prag-

Eduard Mörike,
Aquarell von Luise Walther 1874

friedhof in Stuttgart statt, begleitet von Prälat Kapff, und
Theodor Vischer hält die Grabrede, worin er den Dichter preist,
der »aus Licht und Äther magische Fäden spinnt und mit ihnen
Herz und Welt, Geistesleben und Erde, Fels, Sonne, Wind und
flüsternde Bäume und rauschende Wasser in ein Ganzes
geheimnisvoll zusammenschlingt«.

Mörikes Grabstätte auf dem Pragfriedhof zeigt sich im Herbst
2003 nüchtern, aber dem Kommenden zugewandt. Blumen und
Sträucher sind abgetragen, die Erde liegt frei zu frischer Bepflan-
zung im Jahr der Erinnerung an seine Geburt, an sein Leben.

Der Stein mit Mörikes Porträt und dem Lorbeerfeld, Namen und Lebensdaten darunter, steht aufrecht und wie unvergänglich und daneben, auf einem liegenden Granit, sind die Zeilen zu lesen, die Tod und Leben umfassen:

HERR DIR IN DIE HÄNDE
SEI ANFANG UND ENDE
SEI ALLES GELEGT.

Mörikes
Lebensdaten im Überblick

1804	8. September: Mörikes Geburt in Ludwigsburg
1811–1817	Schüler der Ludwigsburger Lateinschule
1817–1818	Nach dem Tod des Vaters Aufnahme im Haus Georgii in Stuttgart. Schüler des Gymnasiums illustre
1818–1822	Seminarist in Urach
1822–1826	Theologiestudent am Tübinger Stift
1823	Begegnung mit Maria Meyer
1824	19. August: Tod des Bruders August
1825	Tübinger Freundschaften. »Orplid«
1826	Examen im Herbst. Beginn des Vikariats
1827	31. März: Tod der Schwester Luise
1828	Beurlaubung vom kirchlichen Dienst. Angestrebte schriftstellerische Selbständigkeit.
1829	Beginn weiterer Stationen im Vikariat. Verlobung mit Luise Rau
1832	Pfarrverweser in Ochsenwang. Veröffentlichung des »Maler Nolten«
1833	Verlobung mit Luise Rau gelöst
1834–1843	Pfarrer in Cleversulzbach. Kontakte zu Justinus Kerner
1837	Kur in Bad Mergentheim
1838	Erste Ausgabe der »Gedichte«

1839	Veröffentlichung von »Iris. Eine Sammlung erzählender und dramatischer Dichtungen«. Aufführung der Oper »Die Regenbrüder« in Stuttgart
1840	Veröffentlichung von »Classische Blumenlese«
1841	26. April: Tod der Mutter. Beisetzung auf dem Friedhof Cleversulzbach, neben Schillers Mutter
1843	Auf eigenen Wunsch pensioniert. Bei Freund Hartlaub in Wermutshausen
1844	Umzüge nach Schwäbisch Hall und Bad Mergentheim
1844–1851	Aufenthalt in Bad Mergentheim, zusammen mit Schwester Klara. Bekanntschaft mit Margarethe Speeth
1846	Veröffentlichung der »Idylle vom Bodensee«
1848	»Gedichte« in 2. Auflage. Kur in Bad Teinach
1851	Besuch am Bodensee. Literaturunterricht am Stuttgarter Katharinenstift. Trauung mit Margarethe Speeth
1852	Ehrendoktor in Tübingen
1853	Veröffentlichung von »Das Stuttgarter Hutzelmännlein"
1855	Geburt der ersten Tochter Fanny. Theodor Storms Besuch in Stuttgart
1856	Veröffentlichung der Novelle »Mozart auf der Reise nach Prag«. »Gedichte« in 3. Auflage
1857	Geburt der zweiten Tochter Marie
1862	Auszeichnung mit dem bayerischen Maximiliansorden.
1864	Verleihung des württembergischen Friedrichsordens. Besuch des Malers Moritz von Schwind
1866	Ende der Lehrtätigkeit am Katharinenstift

1867–1869	Wohnung in Lorch/Remstal
1867	»Gedichte« in 4. Auflage
1870	Aufenthalt in Nürtingen
1871–1875	Verschiedene Wohnungen in Stuttgart
1873	Trennung von seiner Frau Margarethe
1874	Besuch in Bebenhausen
1875	Aussöhnung mit Margarethe
	4. Juni: Mörikes Tod
	6. Juni: Beisetzung auf dem Pragfriedhof Stuttgart

Die wichtigsten Freunde und Zeitgenossen

Ludwig *Bauer*, 1803–1847, geboren in Orendensall bei Öhringen; ev. Pfarrer, später Professor am Katharinenstift Stuttgart

Johann Christoph *Blumhardt*, 1805–1880, geboren in Stuttgart; Pfarrer in Möttlingen und Bad Boll; bekannt durch seine Reich-Gottes-Theologie, seine Seelsorge, Sympathiekuren und Heilungen

Hermann *Hardegg*, 1806–1853, geboren in Ludwigsburg; Jugend- und Studienfreund Mörikes; später Königlicher Hofmedicus in Stuttgart

Wilhelm *Hartlaub*, 1804–1885, geboren in Wermutshausen bei Mergentheim; Pfarrer in Wermutshausen, Wimsheim bei Leonberg und Stöckenburg bei Schwäbisch Hall

Ernst Friedrich *Kauffmann,* 1803–1856, geboren in Ludwigsburg; Mathematiker und Musiker, Gymnasialprofessor in Stuttgart, komponierte mehrere Lieder von Mörike

Justinus *Kerner,* 1786–1862, geboren in Ludwigsburg, Arzt und Dichter, Mittelpunkt der sog. Schwäbischen Dichterschule und Vertreter alternativer Heilmethoden in Weinsberg

Hermann *Kurz,* 1813–1873, geboren in Reutlingen, Theologiestudium am Tübinger Stift, freier Schriftsteller in Stuttgart; wegen seiner demokratischen Position nach 1848 in mehrere politische Prozesse verwickelt

Rudolf *Lohbauer,* 1802–1873, geboren in Ludwigsburg, Offizierslaufbahn aus Gesundheitsgründen abgebrochen, Philosophiestudium in Tübingen, wegen revolutionärer Gesinnung 1832 in die Schweiz geflüchtet, Professor für Kriegswissenschaften in Bern

Johannes *Mährlen,* 1803–1871, geboren in Ulm; nach Theologiestudium und Vikariat Korrektor bei Cotta, später Professor für Nationalökonomie in Stuttgart

Karl *Mayer,* 1786–1870, geboren in Neckarbischofsheim, Oberamtsrichter in Waiblingen und Oberjustizrat in Tübingen, schwäbischer Romantiker

Gustav *Schwab*, 1792–1850, geboren in Stuttgart; Studium am Tübinger Stift,

Gymnasialprofessor in Stuttgart, Pfarrer in Gomaringen bei Tübingen, Dekan und Oberkonsistorialrat in Stuttgart

Moritz *von Schwind*, 1804–1871, geboren in Wien, Illustrator in Wien, Maler in München, von der österreichischen Regierung in den Ritterstand erhoben

David Friedrich *Strauß*, 1808–1874, geboren in Ludwigsburg, ev. Theologe, später freier Schriftsteller; wurde bekannt und angefeindet durch seine kritische Schrift ›Das Leben Jesu‹

Ludwig *Uhland*, 1787–1862, geboren in Tübingen, juristisches Studium und Promotion, Hauptvertreter der »Tübinger Romantik«, Professor für deutsche Sprache und Literatur in Tübingen, Abgeordneter im Landtag und in der Frankfurter Nationalversammlung

Friedrich Theodor *Vischer,* 1807–1887, geboren in Ludwigsburg, Dozent, nachher Professor für Ästhetik und Literatur in Tübingen, Zürich, Stuttgart

Wilhelm *Waiblinger,* 1804–1830, geboren in Heilbronn, frühe lyrische und dramatische Werke, vom Studium im Tübinger Stift ausgeschlossen; Aufenthalt und Tod in Rom

Karl *Wolff,* 1803–1869, geboren in Stuttgart, Studium der Theologie und Philosophie in Tübingen, Pfarrer, Rektor am Katharinenstift in Stuttgart

Gedichtauswahl

(Aufgenommen sind Gedichte, auf die in der Darstellung
näher eingegangen wird)

BESUCH IN URACH

Nur fast so wie im Traum ist mir's geschehen,
Daß ich in dies geliebte Tal verirrt.
Kein Wunder ist, was meine Augen sehen,
Doch schwankt der Boden, Luft und Staude schwirrt,
Aus tausend grünen Spiegeln scheint zu gehen
Vergangne Zeit, die lächelnd mich verwirrt;
Die Wahrheit selber wird hier zum Gedichte,
Mein eigen Bild ein fremd und hold Gesichte!

Da seid ihr alle wieder aufgerichtet,
Besonnte Felsen, alte Wolkenstühle!
Auf Wäldern schwer, wo kaum der Mittag lichtet
Und Schatten mischt mit balsamreicher Schwüle.
Kennt ihr mich noch, der sonst hierher geflüchtet,
Im Moose, bei süß-schläfrigem Gefühle,
Der Mücke Sumsen hier ein Ohr geliehen,
Ach, kennt ihr mich und wollt nicht vor mir fliehen?

Hier wird ein Strauch, ein jeder Halm zur Schlinge,
Die mich in liebliche Betrachtung fängt;
Kein Mäuerchen, kein Holz ist so geringe,
Daß nicht mein Blick voll Wehmut an ihm hängt:

Ein jedes spricht mir halbvergessne Dinge;
Ich fühle, wie von Schmerz und Lust gedrängt,
Die Träne stockt, indes ich ohne Weile,
Unschlüssig, satt und durstig, weitereile.

Hinweg! und leite mich, du Schar von Quellen,
Die ihr durchspielt der Matten grünes Gold!
Zeigt mir die urbemoosten Wasserzellen,
Aus denen euer ewigs Leben rollt,
Im kühnsten Walde die verwachsnen Schwellen,
Wo eurer Mutter Kraft im Berge grollt,
Bis sie im breiten Schwung an Felsenwänden
Herabstürzt, euch im Tale zu versenden.

O hier ist's, wo Natur den Schleier reißt!
Sie bricht einmal ihr übermenschlich Schweigen;
Laut mit sich selber redend will ihr Geist,
Sich selbst
vernehmend, sich ihm selber zeigen.
– Doch ach, sie bleibt, mehr als der Mensch, verwaist,
Darf nicht aus ihrem eignen Rätsel steigen!
Dir biet' ich denn, begier'ge Wassersäule,
Die nackte Brust, ach, ob sie dir sich teile!

Vergebens! und dein kühles Element
Tropft an mir ab, im Grase zu versinken.
Was ist's, das deine Seele von mir trennt?
Sie flieht, und möcht' ich auch in dir ertrinken!
Dich kränkt's nicht, wie mein Herz um dich entbrennt,
Küssest im Sturz nur diese schroffen Zinken;
Du bleibest, was du warst seit Tag und Jahren,
Ohn' ein'gen Schmerz der Zeiten zu erfahren.

———

Hinweg aus diesem üppgen Schattengrund
Voll großer Pracht, die drückend mich erschüttert!
Bald grüßt beruhigt mein verstummter Mund
Den schlichten Winkel, wo sonst halb verwittert
Die kleine Bank und wo das Hüttchen stund;
Erinnrung reicht mit Lächeln die verbittert
Bis zur Betäubung süßen Zauberschalen;
So trink ich gierig die entzückten Qualen.

Hier schlang sich tausendmal mein junger Arm
Um meinen Hals mit inn'gem Wohlgefallen.
O säh' ich mich, als Knaben sonder Harm,
Wie einst, mit Necken durch die Haine wallen!
Ihr Hügel, von der alten Sonne warm,
Erscheint mir denn auf keinem von euch allen
Mein Ebenbild, in jugendlicher Frische
Hervorgesprungen aus dem Waldgebüsche?

O komm, enthülle dich! Dann sollst du mir
Mit Freundlichkeit ins dunkle Auge schauen!
Noch immer, guter Knabe, gleich' ich dir,
Uns beiden wird nicht voreinander grauen!
So komm und laß mich unaufhaltsam hier
Mich deinem reinen Busen anvertrauen! –
Umsonst, dass ich die Arme nach dir strecke,
Den Boden, wo du gingst, mit Küssen decke!

Hier will ich denn laut schluchzend liegen bleiben,
Fühllos, und alles habe seinen Lauf! –
Mein Finger, matt, ins Gras beginnt zu schreiben:
Hin ist die Lust! hab alles seinen Lauf!

Da, plötzlich, hör' ich's durch die Lüfte treiben,
Und ein entfernter Donner schreckt mich auf;
Elastisch angespannt mein ganzes Wesen
Ist von Gewitterluft wie neu genesen.

Sieh! wie die Wolken finstre Ballen schließen
Um den ehrwürd'gen Trotz der Burgruine!
Von weitem schon hört man den alten Riesen,
Stumm harrt das Tal mit ungewisser Miene,
Der Kuckuck nur ruft sein einförmig Grüßen
Versteckt aus unerforschter Wildnis Grüne –
Jetzt kracht die Wölbung und verhallet lange,
Das wundervolle Schauspiel ist im Gange!

Ja nun, indes mit hoher Feuerhelle
Der Blitz die Stirn und Wange mir verklärt,
Ruf' ich den lauten Segen in die grelle
Musik des Donners, die mein Wort bewährt:
O Tal! du meines Lebens andre Schwelle!
Du meiner tiefsten Kräfte stiller Herd!
Du meiner Liebe Wundernest! ich scheide,
Leb wohl – und sei dein Engel mein Geleite!

PEREGRINA

I

Der Spiegel dieser treuen, braunen Augen
Ist wie von innerm Gold ein Widerschein;
Tief aus dem Busen scheint er's anzusaugen,
Dort mag solch Gold in heil'gem Gram gedeihn.

In diese Nacht des Blickes mich zu tauchen,
Unwissend Kind, du selber lädst mich ein –
Willst, ich soll kecklich mich und dich entzünden,
Reichst lächelnd mir den Tod im Kelch der Sünden!

II

Aufgeschmückt ist der Freudensaal.
Lichterhell, bunt, in laulicher Sommernacht
Stehet das offene Gartengezelte.
Säulengleich steigen, gepaart,
Grün-umranket, eherne Schlangen,
Zwölf, mit verschlungenen Hälsen,
Tragend und stützend das
Leicht gegitterte Dach.

Aber die Braut noch wartet verborgen
In dem Kämmerlein ihres Hauses.
Endlich bewegt sich der Zug der Hochzeit,
Fackeln tragend,
Feierlich stumm.
Und in der Mitte,
Mich an der rechten Hand,
Schwarz gekleidet, geht einfach die Braut;
Schöngefaltet ein Scharlachtuch
Liegt um den zierlichen Kopf geschlagen.
Lächelnd geht sie dahin; das Mahl schon duftet.

Später im Lärmen des Fests
Stahlen wir seitwärts uns beide
Weg, nach den Schatten des Gartens wandelnd,
Wo im Gebüsche die Rosen brannten,
Wo der Mondstrahl um Lilien zuckte,
Wo die Weymouthsfichte mit schwarzem Haar
Den Spiegel des Teiches halb verhängt.

Auf seidnem Rasen dort, ach, Herz am Herzen,
Wie verschlangen, erstickten meine Küsse den scheueren Kuß!
Indes der Springquell, anteilnehmend
An überschwänglicher Liebe Geflüster,
Sich ewig des eigenen Plätscherns freute;
Uns aber neckten von fern und lockten
Freundliche Stimmen,
Flöten und Saiten umsonst.

Ermüdet lag, zu bald für mein Verlangen,
Das leichte, liebe Haupt auf meinem Schoß.
Spielender Weise mein Aug' auf ihres drückend
Fühlt' ich ein Weilchen die langen Wimpern,
Bis der Schlaf sie stellte,
Wie Schmetterlingsgefieder auf und nieder gehn.

Eh' das Frührot schien,
Eh' das Lämpchen erlosch im Brautgemache,
Weckt, ich die Schläferin,
Führte das seltsame Kind in mein Haus ein.

III
Ein Irrsal kam in die Mondscheingärten
Einer einst heiligen Liebe.
Schaudernd entdeckt' ich verjährten Betrug.
Und mit weinendem Blick, doch grausam,
Hieß ich das schlanke,
Zauberhafte Mädchen
Ferne gehen von mir.
Ach, ihre hohe Stirn
War gesenkt, denn sie liebte mich;
Aber sie zog mit Schweigen
Fort in die graue

Welt hinaus.
Krank seitdem,
Wund ist und wehe mein Herz.
Nimmer wird es genesen!

Als ginge, luftgesponnen, ein Zauberfaden
Von ihr zu mir, ein ängstig Band,
So zieht es, zieht mich schmachtend ihr nach!
– Wie? Wenn ich eines Tags auf meiner Schwelle
Sie sitzen fände, wie einst, im Morgen-Zwielicht,
Das Wanderbündel neben ihr,
Und ihr Auge, treuherzig zu mir aufschauend,
Sagte, da bin ich wieder
Hergekommen aus weiter Welt!

IV
Warum Geliebte, denk' ich dein
Auf einmal nun mit tausend Tränen,
Und kann gar nicht zufrieden sein,
Und will die Brust in alle Weite dehnen?

Ach, gestern in den hellen Kindersaal,
Beim Flimmern zierlich aufgesteckter Kerzen,
Wo ich mein selbst vergaß in Lärm und Scherzen,
Tratst du, o Bildnis mitleid-schöner Qual;
Es war dein Geist, er setzte sich ans Mahl,
Fremd saßen wir mit stumm verhalt'nen Schmerzen;
Zuletzt brach ich in lautes Schluchzen aus,
Und Hand in Hand verließen wir das Haus.

V

Die Liebe, sagt man, steht am Pfahl gebunden,
Geht endlich arm, zerrüttet, unbeschuht;
Dies edle Haupt hat nicht mehr, wo es ruht,
Mit Tränen netzet sie der Füße Wunden.

Ach, Peregrinen hab' ich so gefunden!
Schön war ihr Wahnsinn, ihrer Wange Glut,
Noch scherzend in der Frühlingsstürme Wut
Und wilde Kränze in das Haar gewunden.

War's möglich, solche Schönheit zu verlassen?
So kehrt nur reizender das alte Glück!
O komm, in diese Arme dich zu fassen!

Doch weh! o weh! was soll mir dieser Blick?
Sie küßt mich zwischen Lieben noch und Hassen,
Sie kehrt sich ab, und kehrt mir nie zurück.

AN EINEM WINTERMORGEN, VOR SONNENAUFGANG

O flaumenreiche Zeit der dunkeln Frühe!
Welch neue Welt bewegest du in mir?
Was ist's, dass ich auf einmal nun in dir
Von sanfter Wollust meines Daseins glühe?

Einem Kristall gleicht meine Seele nun,
Den noch kein falscher Strahl des Lichts getroffen;
Zu fluten scheint mein Geist, er scheint zu ruhn,
Dem Eindruck naher Wunderkräfte offen,
Die aus dem klaren Gürtel blauer Luft
Zuletzt ein Zauberwort vor meine Sinne ruft.

Bei hellen Augen glaub' ich doch zu schwanken;
Ich schließe sie, dass nicht der Traum entweiche.
Seh' ich hinab in lichte Feenreiche?
Wer hat den bunten Schwarm
    von Bildern und Gedanken
Zur Pforte meines Herzens hergeladen,
Die glänzend sich in diesem Busen baden,
Goldfarb'gen Fischlein gleich im Gartenteiche?

Ich höre bald der Hirtenflöten Klänge,
Wie um die Krippe jener Wundernacht,
Bald weinbekränzter Jugend Lustgesänge;
Wer hat das friedenselige Gedränge
In meine traurigen Wände hergebracht?

Und welch Gefühl entzückter Stärke,
Indem mein Sinn sich frisch zur Ferne lenkt!
Vom ersten Mark des heut'gen Tags getränkt,
Fühl' ich mir Mut zu jedem frommen Werke.
Die Seele fliegt, so weit der Himmel reicht,
Der Genius jauchzt in mir! Doch sage,
Warum wird jetzt der Blick von Wehmut feucht?
Ist's ein verloren Glück, was mich erweicht?
Ist es ein werdendes, was ich im Herzen trage?
Hinweg, mein Geist! hier gilt kein Stillestehn:
Es ist ein Augenblick, und alles wird verwehn!

Dort, sieh, am Horizont lüpft sich der Vorhang schon!
Es träumt der Tag, nun sei die Nacht entflohn;
Die Purpurlippe, die geschlossen lag,

Haucht, halbgeöffnet, süße Atemzüge:
Auf einmal blitzt das Aug', und, wie ein Gott, der Tag
Beginnt im Sprung die königlichen Flüge!

KARWOCHE

O Woche, Zeugin heiliger Beschwerde!
Du stimmst so ernst zu dieser Frühlingswonne,
Du breitest im verjüngten Strahl der Sonne
Des Kreuzes Schatten auf die lichte Erde,

Und senkest schweigend deine Flöre nieder;
Der Frühling darf indessen immer keimen,
Das Veilchen duftet unter Blütenbäumen,
Und alle Vöglein singen Jubellieder.

O schweigt, ihr Vöglein auf den grünen Auen!
Es hallen rings die dumpfen Glockenklänge,
Die Engel singen leise Grabgesänge;
O still, ihr Vöglein hoch im Himmelblauen!

Ihr Veilchen, kränzt heut keine Lockenhaare!
Euch plückt mein frommes Kind zum dunkeln Strauße,
Ihr wandert mit zum Muttergotteshause,
Da sollt ihr welken auf des Herrn Altare.

Ach dort, von Trauermelodien trunken
Und süß betäubt von schweren Weihrauchdüften,
Sucht sie den Bräutigam in Todesgrüften,
Und Lieb' und Frühling, alles ist versunken!

AUF EINE CHRISTBLUME

I

Tochter des Walds, du Lilienverwandte,
So lang von mir gesuchte, unbekannte,
Im fremden Kirchhof, öd' und winterlich,
Zum erstenmal, o schöne, find' ich dich!

Von welcher Hand gepflegt du hier erblühtest,
Ich weiß es nicht, noch wessen Grab du hütest;
Ist es ein Jüngling, so geschah ihm Heil,
Ist's eine Jungfrau, lieblich fiel ihr Teil.

Im nächt'gen Hain, von Schneelicht überbreitet,
Wo fromm das Reh an dir vorüberweidet,
Bei der Kapelle, am kristallnen Teich,
Dort sucht' ich deiner Heimat Zauberreich.

Schön bist du, Kind des Mondes, nicht der Sonne;
Dir wäre tödlich andrer Blumen Wonne,
Dich nährt, den keuschen Leib voll Reif und Duft,
Himmlischer Kälte balsamsüße Luft.

In deines Busens goldner Fülle gründet
Ein Wohlgeruch, der sich nur kaum verkündet;
So duftete, berührt von Engelshand,
Der benedeiten Mutter Brautgewand.

Dich würden, mahnend an das heil'ge Leiden,
Fünf Purpurtropfen schön und einzig kleiden:
Doch kindlich zierst du, um die Weihnachtzeit,
Lichtgrün mit einem Hauch dein weißes Kleid.

Der Elfe, der in mitternächt'ger Stunde
Zum Tanze geht im lichterhellen Grunde,
Vor deiner mystischen Glorie steht er scheu
Neugierig still von fern und huscht vorbei.

II

Im Winterboden schläft, ein Blumenkeim,
Der Schmetterling, der einst um Busch und Hügel
In Frühlingsnächten wiegt den samtnen Flügel;
Nie soll er kosten deinen Honigseim.

Wer aber weiß, ob nicht sein zarter Geist,
Wenn jede Zier des Sommers hingesunken,
Dereinst, von deinem leisen Dufte trunken,
Mir unsichtbar, dich blühende umkreist?

GÖTTLICHE REMINISZENZ

Πάντα δι' αὐτοῦ ἐγένετο.

Ev. Joh. 1,3

Vorlängst sah ich ein wundersames Bild gemalt,
Im Kloster der Kartäuser, das ich oft besucht.
Heut, da ich im Gebirge droben einsam ging,
Umstarrt von wild zerstreuter Felsentrümmersaat,
Trat es mit frischen Farben vor die Seele mir.

An jäher Steinkluft, deren dünn begraster Saum,
Von zweien Palmen überschattet, magre Kost
Den Ziegen beut, den steilauf weidenden am Hang,
Sieht man den Knaben Jesus sitzend auf Gestein;

Ein weißes Vlies als Polster ist ihm unterlegt.
Nicht allzu kindlich deuchte mir das schöne Kind;
Der heiße Sommer, sicherlich sein fünfter schon,
Hat seine Glieder, welche bis zum Knie herab
Das gelbe Röckchen decket mit dem Purpursaum,
Hat die gesunden, zarten Wangen sanft gebräunt;
Aus schwarzen Augen leuchtet stille Feuerkraft,
Den Mund jedoch umfremdet unnennbarer Reiz.
Ein alter Hirte, freundlich zu dem Kind gebeugt,
Gab ihm soeben ein versteinert Meergewächs, Seltsam
gestaltet, in die Hand zum Zeitvertreib.
Der Knabe hat das Wunderding beschaut, und jetzt,
Gleichsam betroffen, spannet sich der weite Blick,
Entgegen dir, doch wirklich ohne Gegenstand,
Durchdringend ew'ge Zeitenfernen, grenzenlos:
Als wittre durch die überwölkte Stirn ein Blitz
Der Gottheit, ein Erinnern, das im gleichen Nu
Erloschen sein wird; und das welterschaffende,
Das Wort von Anfang, als ein spielend Erdenkind'
Mit Lächeln zeigt's unwissend dir sein eigen Werk.

Ausgewählte Literatur

Mörikes Werke, hg. von Harry Maync, Bd. 1–3, Leipzig/Wien 1914 (nach
dieser Ausgabe wird zitiert, weil die neue historisch-kritische Gesamtausgabe
noch nicht vollständig erschienen ist)

Eduard Mörike: Werke und Briefe. Historisch-kritische Gesamtausgabe, hg.
von Hans-Henrik Krummacher, Herbert Meyer und Bernhard Zeller, Stuttgart 1967 ff.

Eduard Mörike: Briefe, hg. von Friedrich Seebaß, Tübingen 1939

Eduard Mörike: Unveröffentlichte Briefe, hg. von Friedrich Seebaß, Stuttgart
2. Aufl. 1945

Eduard Mörike: Briefe, hg. von Werner Zemp, Zürich 1949 (im Anhang: Storms
Erinnerungen an Mörike, 1876)

Eduard Mörike. 1804–1875–1975. Gedenkausstellung zum 100. Todes-Tag
im Schiller-Nationalmuseum Marbach a. N. Texte und Dokumente, hg.
von Bernhard Zeller u. a., München/Stuttgart 1975

Goes, Albrecht: Mörike, Stuttgart 2. Aufl. 1954

Ders.: Mit Mörike und Mozart. Studien aus fünfzig Jahren, Frankfurt 3. Aufl.
1999

Härtling, Peter: Die dreifache Maria. Eine Geschichte, Darmstadt/Neuwied 1982

Hesse, Hermann: Im Presselschen Gartenhaus. Eine Geschichte aus dem alten
Tübingen (1911). Mit Anmerkungen über Wilhelm Waiblinger und sein
sommerliches Refugium von Helmut Hornbogen, Tübingen 1998

Holthusen, Hans Egon: Eduard Mörike. Mit Selbstzeugnissen und Bild-
dokumenten, Reinbek 11. Aufl. 2000

Justinus Kerner. Dichter und Arzt 1786–1862. Mit Einladungen, Gedichte von
Justinus Kerner zu lesen, bearb. von Friedrich Pfäfflin und Reinhard Tgahrt,
Marbacher Magazin 39/1986

Kerner – Uhland – Mörike. Schwäbische Dichtung im 19. Jahrhundert. Aus-
stellung und Katalog von Albrecht Bergold u. a. Marbacher Kataloge
Nr. 34, Marbach 3. Aufl. 1992

Lenz, Hermann: Erinnerung an Eduard. Erzählung, Frankfurt 1981
Mayer, Mathias: Eduard Mörike, Stuttgart 1998
Mayer, Mathias (Hg.): Gedichte von Eduard Mörike (Interpretationen), Stuttgart 1999
Maync, Harry: Eduard Mörike. Sein Leben und Dichten, Stuttgart 5. Aufl. 1944
Mörike in Ochsenwang, bearb. von Thomas Scheuffelen, Marbacher Magazin 27/1983
Schlaffer, Heinz (Hg.): Eduard Mörike und Wilhelm Waiblinger. Eine poetische Jugend in Briefen, Tagebüchern und Gedichten, Stuttgart 1994
Wiese, Benno von: Eduard Mörike, Stuttgart 1950
(Ausführliche bibliographische Angaben zu Mörike finden sich bei Holthusen und Mayer)

Abbildungsnachweis:
Der Abdruck aller Abbildungen erfolgt mit freundlicher Genehmigung des Deutschen Literaturarchivs in Marbach am Neckar.